AF550527

Dieses Journal gehört:

Dieses Journal ist für Teilnehmerinnen und Teilnehmer des Ehe-Kurses in Verbindung mit der Ehe-Kurs-Filmserie konzipiert. Auf Seite 167 findest du mehr Informationen, wie du an einem Ehe-Kurs teilnehmen oder einen eigenen Ehe-Kurs starten kannst.

Titel der Originalausgabe:
The Marriage Course: Guest Journal
© Alpha International 2020; erste Ausgabe 2001
© der deutschsprachigen Ausgabe 2021
Gerth Medien in der SCM Verlagsgruppe GmbH, Berliner Ring 62, 35576 Wetzlar

Die Bibelzitate wurden den folgenden Übersetzungen entnommen:
Die Bibel. Einheitsübersetzung der Heiligen Schrift, vollständig durchgesehene und überarbeitete Ausgabe © 2016 Katholische Bibelanstalt, Stuttgart.
Alle Rechte vorbehalten.

Hoffnung für alle ®, © 1983,1996, 2002 by Biblica Inc. ™, hrsg. von Fontis – Brunnen, Basel.
Neues Leben. Die Bibel © 2002 und 2006, SCM R. Brockhaus im SCM-Verlag GmbH & Co. KG, Witten (NL).

5. Auflage 2025
Bestell-Nr. 817288
ISBN 978-3-95734-288-1

Übersetzung: Ulrike Mohring
Umschlaggestaltung: Alpha International, Anna-Lisa Offermann
Satz: Anna-Lisa Offermann
Druck und Verarbeitung: FINIDR s.r.o.
Printed in Czech Republic

www.gerth.de

Inhalt

Wie du das Journal nutzen kannst

Es gibt Symbole für verschiedene Aktivitäten, die dir helfen sollen, den bestmöglichen Nutzen aus dem Journal zu ziehen:

Hier kannst du etwas notieren.

Hier kannst du dich mit deinem Partner oder deiner Partnerin austauschen.

Hier kannst du innehalten und überlegen.

Hier kannst du deine Ideen und Vorsätze notieren – z. B. eure nächste Verabredung planen oder deine Wünsche und Hoffnungen für die Zukunft aufschreiben.

Hier könnt ihr die Journale tauschen und du kannst etwas in das Journal deines Partners oder deiner Partnerin schreiben, was ihm oder ihr beim Blick in die Vergangenheit oder Zukunft hilft.

Das Journal soll ein Begleiter sein auf eurer gemeinsamen Entdeckungsreise. Wir hoffen, dass es euch hilft, festzuhalten und praktisch umzusetzen, was ihr im Ehe-Kurs über euch und euren Partner herausgefunden habt.

Willkommen zum Ehe-Kurs

Der Kurs hat das Ziel, euch zu helfen, eine gesunde Ehe aufzubauen und eure Beziehung zu stärken – oder sie wiederherzustellen, wenn ihr den Eindruck habt, ihr habt die Verbindung zueinander verloren.

Das Journal ist entwickelt worden, damit ihr gemeinsam über eure Zukunft reden, träumen und nachdenken könnt. Dabei gibt es keine richtigen oder falschen Antworten, und kein anderer wird lesen, was ihr notiert habt. Niemand wird euch auffordern, mit anderen Personen über eure Beziehung zu sprechen. Stattdessen wird es immer wieder Pausen geben, in denen ihr allein als Paar über die angesprochenen Themen reden könnt.

Egal ob ihr erst kurz oder schon lang zusammen seid, und unabhängig davon, ob ihr eine stabile Beziehung führt oder mit Schwierigkeiten zu kämpfen habt – hier seid ihr richtig. Ihr werdet im Ehe-Kurs viel darüber herausfinden, was euer Partner denkt und fühlt. Es gibt immer etwas Neues zu entdecken. Wir werden nur dann dauerhaft miteinander verbunden bleiben, wenn diese Entdeckungsreise niemals aufhört.

Nicky and Sila Lee

Autoren des Ehe-Kurses

Nicky and Sila

Einheit 1

Die Beziehung stärken

Die Ehe ist als eine enge Beziehung gedacht, in der die Intimität miteinander zunimmt und gleichzeitig die Abhängigkeit voneinander immer größer wird. Aber das geschieht nicht automatisch. Wir müssen an unserer Ehe arbeiten, wenn wir eng miteinander verbunden bleiben wollen.

Darum verlässt der Mann Vater und Mutter und bindet sich an seine Frau und sie werden ein Fleisch.

– GENESIS 2,24

Einheit 1 – Die Beziehung stärken

PAARGESPRÄCH 1

5 Minuten

EURE ERSTE BEGEGNUNG

Erzählt euch eure schönste Erinnerung aus der Zeit, als ihr euch kennengelernt habt.
Was habt ihr am anderen besonders anziehend gefunden?

Einen Weinberg pflegen

Vier Parallelen für die Ehe:

1. Anpassung

Die ersten Ehejahre erfordern einiges an Anpassung.

Ich kann mich selbst ändern, aber nicht meinen Partner.

2. Zurückschneiden

Wenn das Leben voller wird, ist es eine der wichtigsten Fähigkeiten, Prioritäten zu setzen; d. h. einige Bereiche unseres Lebens zu beschneiden, um anderen Vorrang geben zu können.

Der Zeitdruck kann wachsen durch Kinder, die Arbeit und weitere Anforderungen.

Wir werden als Paar nur überleben, wenn wir lernen, unserer Ehe Priorität vor allem anderen einzuräumen.

3. Unterstützen

Jede Ehe braucht ein Unterstützungsnetzwerk, z. B. Freunde und Familie.

Früher oder später werden wir mit Herausforderungen konfrontiert, wie z. B. Krankheiten, finanziellen Problemen, unerfülltem Kinderwunsch, wenn die Kinder aus dem Haus gehen oder die eigenen Eltern älter werden.

Es ist unerlässlich, dass wir uns gegenseitig ermutigen und unterstützen.

Wenn wir uns gegenseitig unterstützen, werden uns Schwierigkeiten einander näherbringen.

4. Erneuerung

Bereit sein, über unsere individuellen Wünsche und Bedürfnisse zu reden.

Unsere Pläne und Hoffnungen für die Zukunft mit dem Partner teilen.

Uns ausreichend Zeit nehmen, um gemeinsame Entscheidungen über mögliche Veränderungen zu treffen.

Eventuell auf bestimmte Aktivitäten verzichten, um mehr gemeinsame Zeit zu haben.

Gemeinsam etwas Neues machen, um unsere Beziehung zu stärken oder zu erneuern.

> **Wenn ihr in eurer Ehe gerade zu kämpfen habt, wollen wir euch ermutigen: Ein Neuanfang ist möglich.**
>
> **Sobald Paare anfangen, sich um ihre Ehe zu kümmern, ändern sich die Dinge oft sehr schnell und sie erleben eine neue Verbundenheit und Intimität.**

PAARGESPRÄCH 2

5 Minuten

HERAUSFORDERUNGEN BEWÄLTIGEN

- Sprecht über Herausforderungen oder Probleme, die ihr in der Vergangenheit bereits gemeinsam bewältigt habt.
- Was sind aktuell die größten Herausforderungen für euch als Paar oder für jeden einzelnen von euch?
- Fragt euren Partner: „Wie kann ich dich dabei am besten unterstützen?"

PAARGESPRÄCH 3

30 Minuten

BESTANDSAUFNAHME EURER BEZIEHUNG

Lest jeder für sich die folgenden Aussagen durch und bewertet sie auf einer Skala von 0 bis 4. Tragt den Wert in das entsprechende Kästchen ein. Wenn ihr damit fertig seid, folgt der Anleitung auf der nächsten Seite.

0. nie 1. selten 2. manchmal 3. meistens 4. immer

Ich habe das Gefühl ...

1. Mein Partner schenkt mir regelmäßig seine ungeteilte Aufmerksamkeit. ☐
2. Mein Partner versteht und unterstützt meine Überzeugungen und Werte. ☐
3 Mein Partner zeigt mir seine Zuneigung durch eindeutige, nicht sexuelle Berührungen. ☐
4. Wir sind beide in der Lage, uns zu entschuldigen, wenn wir uns verletzt haben. ☐
5. Mein Partner hört sich meinen Standpunkt auch dann an, wenn wir unterschiedlicher Meinung sind. ☐
6. Ich kann meinem Partner meine sexuellen Hoffnungen und Wünsche mitteilen. ☐
7. Wir können uns über unsere Vorstellungen und Träume für die Zukunft austauschen. ☐
8. Mein Partner ist gut darin, mich bei dem, was ich tue, zu ermutigen. ☐
9. Es hat für uns Priorität, dass wir mindestens alle 14 Tage einmal zusammen ausgehen. ☐
10. Wir denken gemeinsam über die schönen Seiten unserer Beziehung nach. ☐
11. Wir können über starke Gefühle wie Begeisterung, Trauer und Ängste reden. ☐
12. Mein Partner geht einfühlsam auf meine sexuellen Bedürfnisse ein. ☐
13. Mein Partner ermutigt mich in meinem geistlichen Wachstum. ☐
14. Mein Partner kann gut auf meine emotionalen Bedürfnisse eingehen. ☐
15 Wir stimmen in unseren sexuellen Praktiken überein. ☐
16. Wir reden miteinander über neue Ideen. ☐
17. Wir unterstützen uns in unseren Zielen für unser Familienleben. ☐
18. Wir haben eine Reihe von gemeinsamen Interessen, die wir pflegen. ☐
19. Ich bin glücklich damit, wie häufig wir miteinander schlafen. ☐
20. Mein Partner hört aufmerksam zu, wenn ich über meine Gefühle spreche. ☐

Auswertung

1. Addiert die Ergebnisse von Seite 14 wie folgt:

Aussagen über	Mein Ergebnis	Ergebnis meines Partners
Unsere Freundschaft (Aussagen 4, 8, 9, 14, 18)		
Unsere Kommunikation (Aussagen 1, 5, 11, 16, 20)		
Unsere Sexualität (Aussagen 3, 6, 12, 15, 19)		
Unsere gemeinsame Zukunft (Aussagen 2, 7, 10, 13, 17)		

2. Tauscht euch über eure Ergebnisse aus, auch über eventuelle Unterschiede. (Die Idee ist, den anderen besser zu verstehen und selbst besser verstanden zu werden.)

3. Schreibe für jeden Bereich etwas auf, das **du** ändern könntest, um eine höhere Punktzahl zu erreichen, z. B.:

   Unsere Freundschaft:
   Ich habe gemerkt, dass wir mehr Zeit gemeinsam verbringen müssen.

   Unsere Kommunikation:
   Offensichtlich muss ich dir deutlicher zeigen, dass es mich interessiert, was du zu sagen hast.

   Unsere Sexualität:
   Ich wäre gern einfühlsamer, was deine sexuellen Wünsche betrifft.

   Unsere gemeinsame Zukunft:
   Ich würde gern mit dir einen guten Zeitpunkt finden, um über unsere Zukunftspläne zu sprechen.

Wenn ihr beide damit fertig seid, zeigt euch gegenseitig, was ihr aufgeschrieben habt.

Sich Zeit füreinander nehmen

Sich Zeit für die Menschen zu nehmen, die uns am wichtigsten sind, passiert nicht einfach so; wir müssen sie uns bewusst nehmen. Wenn unsere Beziehung gedeihen und weiterwachsen soll, müssen wir regelmäßig Zeit zu zweit miteinander verbringen.

Eine wöchentliche Verabredung

- **hält den Spaß und die Romantik in der Beziehung lebendig,**
- **vertieft das Verständnis und die Wertschätzung füreinander,**
- **bietet regelmäßig die Gelegenheit für tief gehende Kommunikation.**

Plant jede Woche mindestens ein oder zwei Stunden allein für euch beide ein, um die Romantik am Leben zu halten oder neu zu entfachen, Spaß miteinander zu haben und über eure Gefühle, Hoffnungen, Träume, Sorgen und Ärgernisse zu reden.

Es muss nicht teuer sein.

Goldene Regel:
Nie die Ehe-Zeit verschieben ohne Rücksprache mit dem Partner!

Wie ihr die wöchentliche Ehe-Zeit dauerhaft etabliert:

Plant sie und tragt den Termin in euren Kalender ein, wie jede andere Verabredung oder beruflichen Termin auch.

Gebt eurer Ehe-Zeit **Priorität** vor allen anderen Aktivitäten, wie Arbeit, Treffen mit Freunden, Sport, Fernsehen, Haus- und Gartenarbeiten oder Zeit mit den Kindern.

Schützt sie vor allem, was euch ablenken oder stören könnte, wie z. B. andere Leute, das Telefon, das Handy oder digitale Medien.

> **Wenn wir so handeln, zeigen wir dem anderen: „Du bist der wichtigste Mensch für mich und ich schenke dir meine volle Aufmerksamkeit."**

PAARGESPRÄCH 4

5 Minuten

BESONDERE MOMENTE ZU ZWEIT

Sprecht mit eurem Partner über Momente, die ihr gemeinsam als Paar erlebt habt und die für euch besonders schön waren. Seid konkret. Sprecht über das Wo und Wann und das Wie, das diesen Moment zu etwas ganz Besonderem für euch gemacht hat.

Sich umeinander kümmern

Sich umeinander kümmern schließt ein, die emotionalen Bedürfnisse des anderen nach Zuneigung, Ermutigung, Unterstützung, Trost etc. zu erfüllen.

Wir alle sehnen uns danach, vom anderen erkannt und geliebt zu werden. Es ist, als warte eine große Leere in uns darauf, mit Liebe und Aufmerksamkeit gefüllt zu werden.

Wenn wir einander vertraut sind und uns geliebt wissen, dann sind wir nicht mehr allein. Die Leere in uns wird gefüllt.

Damit unser Inneres dauerhaft gefüllt bleibt, müssen wir die emotionalen Bedürfnisse des anderen erkennen und erfüllen.

> **Wir sind für enge Beziehungen geschaffen. Wir alle sehnen uns danach, von einer anderen Person gekannt und geliebt zu werden.**

„Dann sprach Gott, der Herr: ‚Es ist nicht gut, dass der Mensch allein ist.'"

– GENESIS 2,18A

Wie wir uns umeinander kümmern

In der Ehe gibt es zwei Möglichkeiten, wie wir handeln können: reaktiv oder aktiv:

- **reaktiv sein heißt, dass wir uns auf das konzentrieren, was uns am Partner stört.**
- **aktiv sein heißt, dass wir uns auf die Bedürfnisse des Partners konzentrieren.**

Ein aktives Verhalten bringt uns näher zusammen, weil wir uns dann beide geliebt fühlen. Wer sich geliebt fühlt, will auch lieben.

Um gut füreinander zu sorgen, müssen wir herausfinden, was dem anderen wichtig ist. Oft sind die Bedürfnisse und Sehnsüchte unseres Partners anders als unsere eigenen.

Wir können nicht erwarten, dass unser Partner unsere Bedürfnisse automatisch kennt. Wir müssen sie uns gegenseitig mitteilen.

> **Finde heraus, was deinem Partner wichtig ist. Wir tendieren dazu, dem anderen das zu geben, was wir uns selbst am meisten wünschen.**

„Ebenso sollt ihr Männer im Umgang mit den Frauen rücksichtsvoll sein."

– 1. PETRUS 3,7

PAARGESPRÄCH 5

10 Minuten

MICH KENNEN – DICH KENNEN

Lest die Liste auf der nächsten Seite durch.

1. Markiere in Spalte A die drei Bedürfnisse, die für dich am wichtigsten sind (d. h. was du dir am meisten von deinem Partner wünschst).

2. Markiere in Spalte B die drei Bedürfnisse, von denen du denkst, dass sie für deinen Partner am wichtigsten sind (d. h. was er oder sie sich deiner Meinung nach am meisten von dir wünscht).

   Manche der aufgeführten Bedürfnisse überschneiden sich in gewisser Weise. Wähle die drei aus, die deine eigenen Bedürfnisse am genauesten beschreiben.

3. Wenn ihr beide fertig seid, vergleicht eure Ergebnisse und prüft, wie gut ihr euren Partner versteht:

   - Wie nahe warst du den drei wichtigsten Bedürfnissen deines Partners?
   - Wie viele deiner Angaben stimmen mit der Auswahl deines Partners überein? 0, 1, 2 oder 3?

Finde heraus, welche Bedürfnisse deines Partners du nur selten erfüllst. Sind es welche, die für ihn oder sie zu den drei wichtigsten gehören?

	A Ich (3 auswählen)	B Mein Partner (3 auswählen)
Bestätigung – Du wirst so, wie du bist, vom Partner wertgeschätzt.		
Anerkennung – Dein Partner lobt dich und zeigt dir Anerkennung für die Dinge, die du gut gemacht hast.		
Freundschaft – Ihr unternehmt Dinge gemeinsam und tauscht eure Erfahrungen aus.		
Gespräch – Ihr redet miteinander über gemeinsame Interessen und Themen, die euch wichtig sind.		
Ermutigung – Du wirst durch die Worte deines Partners ermutigt und motiviert.		
Offenheit – Dein Partner ist in jedem Bereich seines Lebens ehrlich zu dir und teilt dir seine Gefühle mit.		
Zärtlichkeit – Ihr drückt eure Fürsorge und Zusammengehörigkeit zueinander durch körperliche Berührungen aus.		
Praktische Hilfe – Du erlebst die Hilfe deines Partners bei großen und kleinen Aufgaben.		
Geschenke – Du bekommst von deinem Partner liebevolle Aufmerksamkeiten.		
Respekt – Dein Partner schätzt und berücksichtigt deine Ideen und Ansichten.		
Sicherheit – Du vertraust auf das Versprechen deines Partners, dich zu lieben und bei dir zu bleiben.		
Sexuelle Intimität – Ihr habt regelmäßig Gelegenheit, eure Liebe sexuell auszudrücken und zu empfangen.		
Unterstützung – Du weißt dich von deinem Partner dabei unterstützt, deine Ziele zu erreichen.		
Gemeinsame Zeit – Dein Partner plant regelmäßig Zeit ein, um sie mit dir zu verbringen.		
Verständnis – Dein Partner weiß, was dir wichtig ist.		
Ungeteilte Aufmerksamkeit – Ihr könnt euch ohne Ablenkung aufeinander konzentrieren.		

Paargespräche für zu Hause

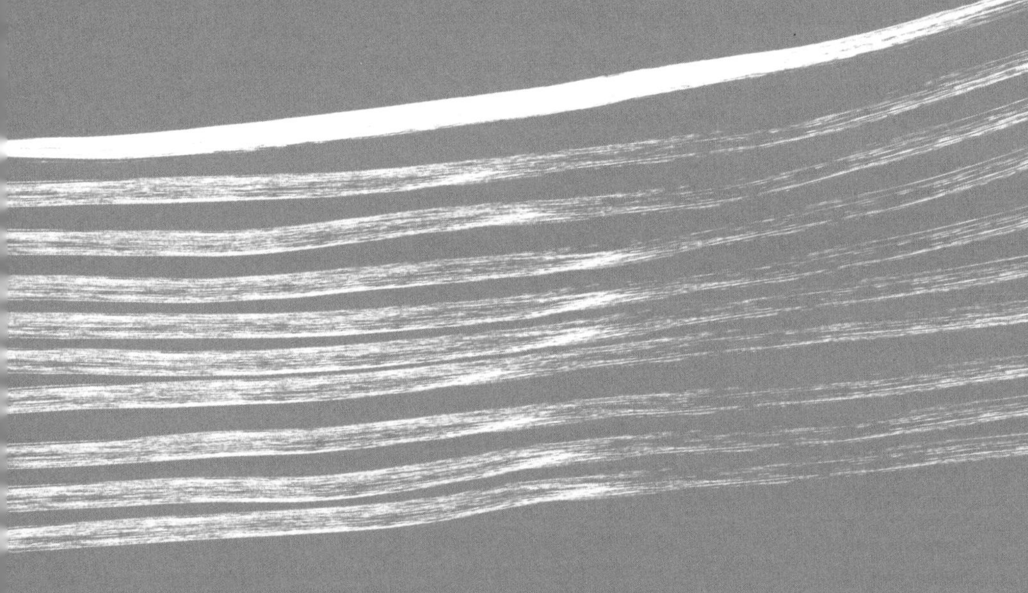

„Der wöchentlichen Ehe-Zeit Priorität einzuräumen, ist für uns das Schwierigste und wir müssen ständig darum kämpfen. Aber es ist das Wichtigste, weil es einen großen Einfluss auf unsere Beziehung hat."

— Gäste des Ehe-Kurses

Plant eure Ehe-Zeit

Seid kreativ: Eure Verabredung kann ganz anders aussehen als bei einem anderen Paar. Experimentiert mit verschiedenen Zeiten. Wann könnt ihr euch in dieser Woche treffen?

	Mo	Di	Mi	Do	Fr	Sa	So
Morgen							
Nachmittag							
Abend							

Du oder ich? Wer ist dran, etwas für uns beide zu organisieren?

Diese Woche könnten wir ....

Was mich an dir zuerst besonders angezogen hat, war ...

(Schreibe die Antwort in das Journal deines Partners!)

Welche gemeinsamen Interessen habt ihr?

z. B. ein Museum besuchen, Sport treiben, neue Orte kennenlernen, ins Kino gehen ...

Vielleicht hilft es euch, zu überlegen, was ihr am Anfang eurer Beziehung gern gemeinsam unternommen habt.

Gibt es neue Dinge, die ihr einmal zusammen ausprobieren möchtet?

Seid kreativ und überlegt, welche neuen Aktivitäten ihr machen könntet, z. B. eine neue Sportart oder ein anderes Hobby ausprobieren.

Was unternimmst du gerne allein für dich, ohne den Partner?

Sprecht darüber, ob ihr euch gegenseitig genug Raum gebt, auch solchen Interessen nachzugehen.

Was ich beim Ausgehen mit dir besonders liebe, ist ...

z. B. Zeit für tiefe Gespräche, Spaß haben, sich gegenseitig auf den neuesten Stand bringen, sich immer besser kennenlernen.

Was hält uns davon ab, uns einmal in der Woche zu verabreden?

Vervollständige den Satz im Journal deines Partners

Mein Traum wäre, dass wir zusammen ...

Kostenlos:

Kostet Geld:

Der pure Luxus:

Gesprächseinstieg für eine weitere Ehe-Zeit:
Schaut euch noch einmal „Mich kennen – dich kennen" auf Seite 20 und 21 an und fragt euch gegenseitig: „Was kann ich in dieser Woche machen, um deine drei wichtigsten Bedürfnisse zu erfüllen?"

Einheit 2

Die Kunst der Kommunikation

RÜCKBLICK

Beim letzten Treffen habe ich entdeckt, dass dies die drei wichtigsten emotionalen Bedürfnisse meines Partners sind:

1.

2.

3.

(Wenn du dich nicht erinnern kannst, schau nach beim Paargespräch „Mich kennen – dich kennen" auf Seite 20 - 21.)

Sage deinem Partner:
„Danke, dass du mein Bedürfnis nach .... berücksichtigt hast, als du ...."

Findet heraus, was nach Meinung eures Partners am wichtigsten ist, damit ihr als Paar regelmäßig in Verbindung bleibt.

Einheit 2 – Die Kunst der Kommunikation

Wir alle haben eine tiefe Sehnsucht nach emotionaler Verbundenheit;
es ist ein wichtiges menschliches Bedürfnis.

Eine enge Verbundenheit in der Ehe gelingt nur durch gute Kommunikation.

Effektive Kommunikation

Verschiedene Ebenen der Kommunikation:

1. **Ebene: Weitergabe von Informationen**
2. **Ebene: Austausch von Gedanken und Meinungen**
3. **Ebene: Offenes Gespräch über unsere Gefühle und Bedürfnisse**

Auf der 3. Ebene machen wir uns verletzlich, es erfordert Vertrauen.

Effektive Kommunikation beinhaltet gutes Reden und Zuhören.

Gute Kommunikation ist vielschichtig; sie besteht aus:

- unseren Worten
- unserem Tonfall
- unserer Körpersprache

> **Unser Ziel in der Ehe sollte sein, doppelt so viel zuzuhören, als selbst zu reden.**

PAARGESPRÄCH 1

10 Minuten

EINE BEDEUTSAME ERINNERUNG

- Erzählt euch gegenseitig für ca. 1 Minute ein schönes oder anderes besonderes Erlebnis aus der Zeit, bevor ihr euch kennengelernt habt.
- Achtet darauf, auch zu sagen, wie ihr euch in der Situation gefühlt habt; beschreibt nicht nur die Fakten.
- Anschließend fasst ihr zusammen, was ihr gehört habt. Beschreibt dabei besonders die Gefühle eures Partners. Das wird ihm oder ihr zeigen, dass ihr zugehört habt und nachempfinden könnt, welche Gefühle euer Partner mit dieser Erinnerung verbindet.

Die Bedeutung von Gesprächen

Es ist wichtig, dem anderen unsere Gedanken und Gefühle mitzuteilen.

Wir haben vielleicht als Kind gelernt, unsere Gefühle für uns zu behalten.

Manchen fällt es vielleicht schwer, ihre Gefühle wahrzunehmen und in Worte zu fassen. (Wenn das auf dich zutrifft, sieh dir bitte das Paargespräch für zu Hause „Gefühle benennen" auf Seite 40 an.)

Es erfordert Mut und Übung, zu lernen, über die eigenen Gefühle zu sprechen.

Wenn es deinem Partner schwerfällt, über seine Gefühle zu sprechen, kannst du ihm helfen, sich sicher zu fühlen, sodass er sich traut, sich zu öffnen.

PAARGESPRÄCH 2

5 Minuten

GESPRÄCHSHINDERNISSE

Nehmt euch ein paar Minuten Zeit, um gemeinsam das folgende Diagramm anzusehen und euch darüber auszutauschen, ob einige dieser Hindernisse auf euch zutreffen.

Gibt es irgendetwas anderes, was dich davon abhält, offen zu reden?

Warum Zuhören wichtig ist

Gutes Zuhören ist eine der wichtigsten Fähigkeiten für eine starke Ehe – Zuhören hat einen enormen Einfluss darauf, wie sehr sich unser Mann oder unsere Frau geliebt und wertgeschätzt fühlt.

> **Studien haben ergeben, dass der Mensch im Durchschnitt nur 17 Sekunden zuhört, bevor er den Gesprächspartner unterbricht.**

PAARGESPRÄCH 3

5 Minuten

EFFEKTIVES ZUHÖREN

Sprecht über folgende Fragen:

- Wie fühlst du dich, wenn man dir zuhört?
- Wie fühlst du dich, wenn man dir nicht zuhört?
- Zu wem würdest du gehen, wenn du ein offenes Ohr brauchst?
- Was macht diese Person zu einem guten Zuhörer?

> **Es gibt niemanden, dem wir aufmerksamer zuhören sollten als unserem Mann oder unserer Frau.**

„Gibt einer Antwort, bevor er gehört hat, ist es Torheit und Schande für ihn."

– SPRÜCHE 18,13

Hindernisse beim Zuhören

Fünf schlechte Gewohnheiten

1. **Abschweifen**
   In unserem Kopf spielt sich vielleicht gerade ein ganz anderes Gespräch ab, oder wir hören nicht richtig zu, weil wir von etwas abgelenkt sind, was in unserer Umgebung passiert.

2. **Verharmlosen**
   Wir erlauben unserem Partner nicht, negative Gefühle zu äußern.

3. **Ratschläge geben**
   Wir beschäftigen uns mehr mit möglichen Lösungen als damit, wie es unserem Partner gerade geht.

4. **Das Thema wechseln**
   Das Gespräch an sich reißen und der eigenen Agenda folgen.

5. **Unterbrechen**
   Wenn wir unseren Partner nicht ausreden lassen.

Diese Gewohnheiten hindern den Sprecher daran, seine Gefühle auszudrücken. Das kann dazu führen, dass er oder sie gar nicht mehr darüber spricht.

Wir sollten zuerst zuhören, bevor wir unseren eigenen Beitrag einbringen.

Jeder kann die Kunst des guten Zuhörens lernen. Es erfordert Zeit und Initiative.

PAARGESPRÄCH 4

5 Minuten

SCHLECHTE GEWOHNHEITEN HERAUSFINDEN

Nimm dir ein paar Minuten Zeit, um zu überlegen, ob du einige dieser schlechten Gewohnheiten hast. Wie denkt dein Partner darüber?

Fünf Schritte für aktives Zuhören

1. **Versuche, dich in den Partner hineinzuversetzen.**
   Stelle deine eigenen Ansichten für den Moment beiseite und zeige Verständnis für die Gefühle deines Partners, die er oder sie gerade durchlebt. Sei geduldig und lass deinen Partner ausreden. Halte Augenkontakt und beschäftige dich nicht gleichzeitig mit etwas anderem. Dränge deinen Partner nicht und hab keine Angst vor Momenten des Schweigens.

2. **Bestätige, was er oder sie gesagt hat.**
   Spiegle zurück, was du verstanden hast – so genau wie möglich und ohne Interpretation. An dieser Stelle geht es nicht um Zustimmung oder Ablehnung oder deine eigene Meinung. (Du kommst später an die Reihe.)

3. **Finde den wichtigsten Aspekt heraus.**
   Frage ihn oder sie: „Was ist das Wichtigste, was du mir sagen willst?"
   Warte schweigend, während dein Partner überlegt, was er dir sagen möchte.
   Nachdem er es gesagt hat, spiegle noch einmal zurück, was du gehört hast.

4. **Hilf deinem Partner herauszufinden, was er oder sie als Nächstes tun könnte.**
   Frage deinen Partner nun: „Gibt es irgendetwas, was du jetzt tun möchtest? Oder was ich oder wir beide gemeinsam in dieser Sache unternehmen könnten?" Gib deinem Partner noch einmal Zeit, in Ruhe darüber nachzudenken. Wiederhole dann die Antwort, die er dir gibt. Es hilft ihm oder ihr, seine oder ihre eigenen Ideen aus deinem Mund zu hören.

5. **Finde heraus, ob dein Partner noch über etwas anderes reden möchte.**
   Gehe nicht davon aus, dass du immer alles weißt. Wenn da noch mehr ist, spiegle auch hier zurück, was dein Partner dir mitteilt.

> **Wir meinen oft, eine interessante Meinung oder spannende Geschichte mache uns zum guten Gesprächspartner. Aber ein tiefes Gespräch entsteht durch die richtigen Fragen.**

> **„Zurückspiegeln“ hat einen doppelten Nutzen: Es hilft uns herauszufinden, ob wir alles richtig verstanden haben. Und es zeigt unserem Partner, dass er oder sie verstanden wurde. Es mag sich umständlich oder gekünstelt anfühlen, aber es funktioniert!**

PAARGESPRÄCH 5

30 Minuten

AKTIVES ZUHÖREN

Jeder von euch wählt ein Thema, über das er sich kürzlich geärgert hat und worüber ihr bisher noch nicht gesprochen habt. Für dieses Mal solltet ihr kein Thema wählen, das zu einem ernsten Konflikt zwischen euch führen könnte. Einigt euch, wer zuerst über sein Thema spricht.

- Der Sprecher sollte einen Stift oder eine Serviette in die Hand nehmen, um zu zeigen, wessen Thema gerade besprochen wird.
- Der Sprecher spricht über sein Anliegen und wie er oder sie sich dabei fühlt (nicht zu lang). Der Zuhörer gibt wieder, was er verstanden hat.
- Dann fragt der Zuhörer: **„Was ist der wichtigste Aspekt von dem, was du mir erzählt hast?“** Der Sprecher antwortet. Der Zuhörer wiederholt die Antwort.
- Der Zuhörer fragt dann: **„Gibt es irgendetwas, was du gern tun würdest? Oder was ich oder wir beide gemeinsam in dieser Sache tun könnten?“** Der Zuhörer hört wieder zu und wiederholt die Antwort.
- Zum Schluss fragt der Zuhörer: **„Gibt es noch etwas anderes, das du mir sagen möchtest?“** Der Zuhörer hört wieder zu und wiederholt die Antwort.

Tauscht nach 15 Minuten die Rollen, damit jeder die Möglichkeit hat, über ein Thema zu sprechen. Dieses Paargespräch ist eine gute Übung, unsere Gefühle mitzuteilen und dem anderen zuzuhören.

Paargespräche für zu Hause

„Wenn ich in einem Satz zusammenfassen sollte, was für mich das wichtigste Prinzip im Bereich der zwischenmenschlichen Beziehungen ist, würde ich sagen: Versuche zuerst, zu verstehen, und dann erst, verstanden zu werden."

— Stephen Covey

Plant eure nächste Ehe-Zeit

	Mo	Di	Mi	Do	Fr	Sa	So
Morgen							
Nachmittag							
Abend							

Du oder ich? Wer ist dran, etwas für uns beide zu organisieren?

Diese Woche könnten wir ....

Diese Woche habe ich mich sehr wertgeschätzt gefühlt, als du ...

Wann und wo habt ihr die besten Gespräche?

Wie gut ist eure Kommunikation?

1. Bereiche in unserer Beziehung, in denen wir meiner Meinung nach offen miteinander kommunizieren:

2. Dinge, über die wir nicht viel sprechen. Ich wünschte, wir würden mehr darüber reden:

3. Dinge, über die wir überhaupt nicht reden:

Dann sucht euch ein Thema aus, über das ihr noch nicht ausführlich gesprochen habt und über das ihr jetzt reden möchtet. Folgt dabei den "fünf Schritten für aktives Zuhören" auf Seite 34. Vergewissert euch vorher, dass ihr beide dazu bereit seid.

Wechselt euch als Sprecher und Zuhörer ab.

Lasst euch nicht abschrecken davon, dass es sich anfangs seltsam anfühlt. Versucht es einfach, Schritt für Schritt. Ihr werdet schnell merken, wie anders es sich anfühlt, wenn ihr euch gegenseitig aufmerksam zuhört.

Bei manchen von euch werden die Worte des Partners starke Emotionen hervorrufen. Versucht trotzdem, ihn ausreden zu lassen, und gebt wieder, was ihr wahrgenommen habt.

Gesprächseinstieg für eine weitere Ehe-Zeit:
Wann hast du dich das letzte Mal .... (wähle ein Wort) gefühlt?

ermutigt	|	entmutigt
verstanden	|	missverstanden
abgelehnt	|	voll akzeptiert

Schreibe einige weitere Fragen auf, mit denen du ein Gespräch beginnen kannst. Zum Beispiel: Was war der beste Urlaub, den du jemals hattest?

Bitte umblättern!

Gefühle benennen

Wenn es schwerfällt, die eigenen Gefühle zu beschreiben.

1. **Ergänzt jeden Satz mit dem passenden Gefühl (egal ob positiv oder negativ). Überlegt dabei nicht zu lange, sondern tragt die Wörter spontan ein und nutzt dazu die Liste auf der rechten Seite.**

   Wenn wir in den Urlaub fahren, fühle ich mich ...
   Wenn wir uns mit Freunden treffen, fühle ich mich ....
   Wenn ich in einem Raum mit vielen fremden Menschen bin, fühle ich mich ...
   Wenn ich mit meinen Eltern zusammen bin, fühle ich mich ...
   Wenn ich an zurückliegende Erfolge denke, fühle ich mich ...
   Wenn ich an Fehler denke, die ich gemacht haben, fühle ich mich ...
   Wenn ich an die Zukunft denke, fühle ich mich ...
   Wenn ich an meine Beziehung zu Gott denke, fühle ich mich ...
   Wenn mir mein Partner sagt, dass er mich liebt, fühle ich mich ...
   Wenn mein Partner und ich eine Meinungsverschiedenheit haben, fühle ich mich ...
   Wenn mir mein Partner erzählt, dass etwas, das ich getan habe, ihn enttäuscht oder verletzt hat, fühle ich mich ...
   Wenn mein Partner sich bei mir entschuldigt, fühle ich mich ...

2. **Vervollständige die folgenden Sätze:**

   Ich fühle mich am meisten geliebt, wenn ...
   Ich werde ärgerlich, wenn ...
   Ich bin am glücklichsten, wenn ...
   Ich fühle mich abgelehnt, wenn ...

Zeige deinem Partner, was du notiert hast.

Positive Gefühle:

akzeptiert
ausgeglichen
befreit
begeistert
berührt
bestätigt
bewahrt
dankbar
entspannt
erleichtert
ermutigt
frei
friedvoll
froh
geborgen
gelassen
geliebt
geschätzt
gespannt
getröstet
glücklich
großartig
heiter
hoffnungsvoll
inspiriert
interessiert
kompetent
lebendig
motiviert
mutig
neugierig
respektiert
selbstbewusst
sicher
sorglos
unterstützt
verbunden
verstanden
vertrauensvoll
wertvoll
zufrieden
zuversichtlich

Negative Gefühle:

abgelehnt
ängstlich
ärgerlich
bedeutungslos
benutzt
beschämt
besorgt
bestürzt
betäubt
bloßgestellt
deprimiert
eifersüchtig
eingeschüchtert
einsam
empört
enttäuscht
erniedrigt
erschrocken
erschüttert
frustriert
gedemütigt
gelangweilt
missverstanden
mürrisch
nervös
nicht respektiert
nutzlos
schuldig
schwach
sorgenvoll
traurig
überfordert
ungeliebt
ungeschützt
unsicher
unverstanden
unzufrieden
verlegen
verletzlich
verletzt
verwirrt
wütend

Einheit 3

Konflikte lösen

RÜCKBLICK

Vervollständige den folgenden Satz und zeige deinem Partner, was du notiert hast:

Seit dem Paargespräch „Mich kennen – dich kennen" (Seite 20 – 21)

habe ich bemerkt, dass du mein Bedürfnis nach ....

erfüllst, indem du ....

Als du mir zugehört hast beim Paargespräch „Aktives Zuhören" (Seite 35),

habe ich mich .... gefühlt.

Einheit 3 – Konflikte lösen

Konflikte gibt es in jeder Ehe, sie sind unvermeidlich – jedes Paar hat Meinungsverschiedenheiten. Das bedeutet nicht, dass wir den falschen Partner geheiratet haben oder dass unsere Ehe scheitern wird.

Wir gehen in die Ehe mit unterschiedlichen Hintergründen, Wünschen, Prioritäten und Persönlichkeiten.

- Es ist nicht gut, unseren Partner zu drängen, die Dinge auf unsere Art und Weise zu machen.
- Wenn wir Konflikte mit den richtigen Werkzeugen angehen, kann es unsere Beziehung sogar stärken.
- In der Ehe sind wir beide auf der gleichen Seite, wir sind ein Team.

Wir müssen uns fragen: „Gibt es Dinge, die ich zugunsten unserer Partnerschaft ändern sollte?"

Vier Prinzipien für den Umgang mit Konflikten

1. Sich die positiven Eigenschaften des Partners bewusst machen

Wir dürfen nicht aufhören, Wertschätzung zu zeigen für das, was wir am Partner lieben und bewundern (auch wenn wir bei manchen Themen leidenschaftlich anderer Meinung sind).

Je mehr wir uns auf die Dinge konzentrieren, die wir am anderen schätzen, desto mehr werden wir uns gegenseitig achten.

Macht es zu einer täglichen Gewohnheit.

Keine Ehe überlebt auf Dauer einen Mangel an Respekt und positiven, ermutigenden Worten.

PAARGESPRÄCH 1

10 Minuten

WERTSCHÄTZUNG ZEIGEN

Schreibt sechs Dinge auf, die ihr an eurem Partner schätzt. Seid konkret: Du kannst deinem Partner danken für etwas, was er tut, oder ihm sagen, was du an seiner Persönlichkeit schätzt. Versuche eine Mischung aus beidem und denke besonders an die Dinge, die du bisher für selbstverständlich gehalten hast.

Beispiele:

Ich mag die Art und Weise, wie du mit Menschen umgehst.
Ich liebe es, dass du so zärtlich und liebevoll mit mir umgehst.
Ich danke dir, dass du so hart arbeitest, um für unsere Familie zu sorgen.
Danke, dass du unser Zuhause zu einem einladenden Ort machst.
Ich schätze es sehr, dass du das Auto vollgetankt hast.

1.
2.
3.
4.
5.
6.

Zeigt euch gegenseitig, was ihr geschrieben habt, wenn beide fertig sind.

2. Unsere Unterschiede akzeptieren

Versucht nicht, euch gegenseitig zu ändern.

Nehmt eure Unterschiede in Temperament, Persönlichkeit, Herkunft und Werten wahr und lernt, sie zu akzeptieren.

Bewahrt euch euren Sinn für Humor.

> **Seht eure Ehe als Partnerschaft, in der beide ihre Stärken einbringen und ihre Schwächen ausgleichen.**

„Darum nehmt einander an, wie Christus uns angenommen hat."

– RÖMER 15,7

PAARGESPRÄCH 2

10 Minuten

UNTERSCHIEDE WAHRNEHMEN

Markiere bei jedem Thema, an welcher Stelle auf der Linie du dich und deinen Partner siehst (z. B. *N = Nicky, S = Sila*).

Geld	*S*	*N*
	ausgeben	*sparen*
Pünktlichkeit	*S*	*N*
	immer frühzeitig	*immer auf den letzten Drücker*

THEMA

Kleidung	leger	formell
Unstimmigkeiten	ausdiskutieren	Frieden halten
Ferien	abenteuerlustig	ruhebedürftig
Geld	ausgeben	sparen
Menschen	gern mit anderen zusammen	gern allein
Telefon	lange Gespräche	nur Termine machen
Pläne	Pläne machen und daran festhalten	spontan und flexibel sein
Pünktlichkeit	immer frühzeitig	immer auf den letzten Drücker
Entspannung	ausgehen	zu Hause bleiben
Schlafen	spät zu Bett gehen	früh aufstehen
Sport	begeistert	nicht interessiert
Ordnung	alles unter Kontrolle haben	kreatives Chaos akzeptieren
TV/Medien	immer online	lieber offline

Zeigt euch gegenseitig, was ihr eingetragen habt. In welchem Bereich kann eure Unterschiedlichkeit eure Partnerschaft bereichern?

3. Eine Wir-Lösung suchen

Ungünstige Zeiten für Streitgespräche vermeiden.

Die 10-Uhr-Regel

Einer von euch kann die 10-Uhr-Regel ins Spiel bringen, wenn es spätabends Streit gibt. Es bedeutet, dass die Diskussion unterbrochen und auf einen besseren Zeitpunkt verschoben wird.

Fünf praktische Schritte:

1. Sich auf das Problem konzentrieren

- sich auf die Lösung des Problems konzentrieren, anstatt sich gegenseitig anzugreifen

2. Ich-Botschaften verwenden

- Verallgemeinerungen vermeiden, z. B.: „Du machst *immer* ..."
- Gefühle beschreiben, z. B.: „Ich bin besorgt, wenn ..."

3. Einander zuhören

- sich beim Reden abwechseln (wie beim 2. Treffen beschrieben).

4. Mögliche Lösungen entwickeln

- Erstellt – falls nötig – eine Liste.

5. Entscheidet euch für die im Augenblick beste Lösung und findet heraus, ob sie funktioniert

- Wenn es nicht funktioniert, probiert eine andere Lösung aus von eurer Liste.

Wenn Streit zu einem Dauerthema für euch geworden ist, zögert nicht, Hilfe von außen zu suchen. Eure Kursleiter können euch Informationen geben, um einen geeigneten Ansprechpartner zu finden.

„Warum siehst du den Splitter im Auge deines Bruders, aber den Balken in deinem Auge bemerkst du nicht? Zieh zuerst den Balken aus deinem Auge und dann kannst du zusehen, den Splitter aus dem Auge deines Bruders herauszuziehen."

– MATTHÄUS 7,3+5

PAARGESPRÄCH 3

30 Minuten

DIE FÜNF SCHRITTE ANWENDEN

1. Findet die besten und die ungünstigsten Zeitpunkte, um Konflikte zu besprechen.

Die besten Zeiten für uns sind: ....

Die schlechtesten Zeiten für uns sind: ....

2. Sage deinem Partner, welcher von den fünf Schritten deiner Meinung nach der wichtigste für euch ist.

3. Jeder von euch nennt ein Thema, das Streit verursacht oder zu einem Streit führen könnte:

Mein Thema:

Dein Thema:

4. Bleibt bei einem Thema und wechselt euch ab, sodass jeder seine Sichtweise dazu ausdrücken kann.

Wer redet, sollte etwas in der Hand halten, z. B. ein Taschentuch, um zu zeigen, wer gerade an der Reihe ist.

5. Wählt eines der Themen, über das ihr jetzt sprechen möchtet.
Entwickelt gemeinsam einige mögliche Lösungen.
(Schließt zu diesem Zeitpunkt noch keinen Lösungsvorschlag von vornherein aus.)

Wählt eine Lösung, mit der ihr beide im Moment einverstanden seid.

Verabredet euch, diese Lösung in ... Wochen auszuwerten.

6. Nehmt nun das andere Thema
Entwickelt gemeinsam einige mögliche Lösungen.

Wählt eine Lösung, mit der ihr beide im Moment einverstanden seid.

Verabredet euch, diese Lösung in ... Wochen auszuwerten.

4. Den Partner unterstützen

Wenn wir von unserem Partner erwarten, alle unsere Bedürfnisse zu erfüllen, werden wir zwangsläufig beide versagen und uns gegenseitig verletzen. Das wird unsere Ehe in eine Abwärtsspirale bringen.

Statt zu erwarten, dass dein Partner deine Bedürfnisse erfüllt, konzentriere dich mehr darauf, wie du die Bedürfnisse deines Partners erfüllen kannst.

> **Frage deinen Partner: „Wie kann ich deinen Tag schöner machen?"**

Wenn wir die Erfüllung unseres Bedürfnisses nach bedingungsloser Liebe von Gott erwarten, hilft uns das, uns viel leichter auf die gegenseitigen Bedürfnisse zu konzentrieren (siehe Grafik).

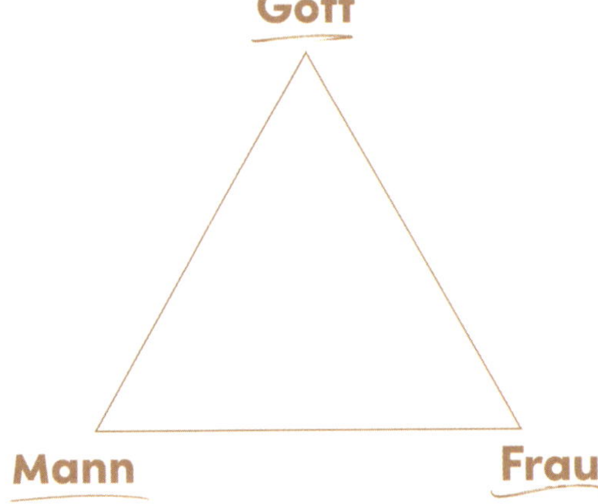

Die Grafik beschreibt einen Ehemann und eine Ehefrau mit Gott im Zentrum ihrer Beziehung. Um mehr über den christlichen Glauben zu erfahren, könnt ihr an einem Alphakurs teilnehmen. Mehr zu Alpha findet ihr auf **www.alphakurs.de**, **www.alphakurs.at** oder **www.alphalive.ch**

„Gott ist unsere Zuflucht und Stärke, ein bewährter Helfer in allen Nöten."

– PSALM 46,2

Regelmäßig füreinander zu beten, stärkt unsere Verbundenheit.

- Fünf bis zehn Minuten am Tag sind besser als eine Stunde pro Monat.
- Fragt euch gegenseitig: „Wie kann ich heute für dich beten?"
- Haltet euch an die Verheißungen der Bibel und beginnt mit Dank.
- Je tiefer die eigene persönliche Beziehung zu Gott ist, desto näher sind wir uns als Ehemann und Ehefrau (siehe Grafik auf der anderen Seite).
- Entschuldigt euch beieinander, bevor ihr betet, wenn einer den anderen verletzt hat.

> **„Eine dreifache Schnur reißt nicht so schnell."**
>
> PREDIGER 4,12

Wenn ihr es nicht gewohnt seid, miteinander zu beten, findet andere Möglichkeiten, euch täglich gegenseitig eure Unterstützung zu zeigen.

PAARGESPRÄCH 4

5 Minuten

SICH GEGENSEITIG UNTERSTÜTZEN

Frage deinen Partner, worüber er oder sie sich momentan Sorgen macht. Wenn ihr gern betet, dann betet jetzt konkret füreinander – laut oder leise. Wenn du nicht beten möchtest, zeige deinem Partner auf eine andere Weise deine Unterstützung bei dem Problem, das genannt wurde.

Was kannst du jeden Tag tun, um deinen Partner besser zu unterstützen und mit ihm in Verbindung zu bleiben?

Paargespräche für zu Hause

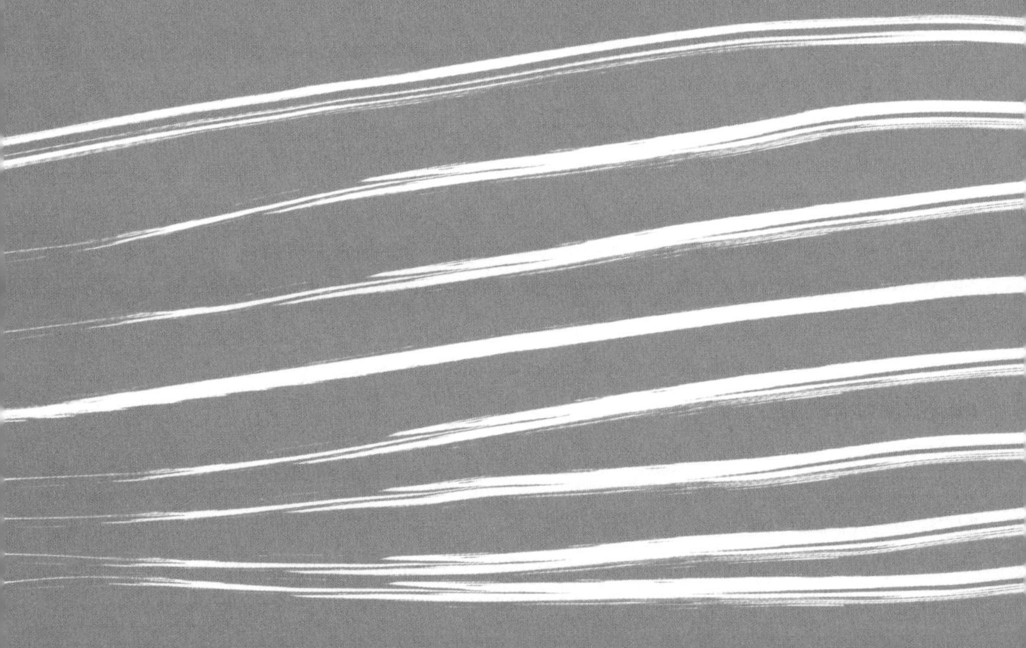

„Das Problem in manchen Ehen ist nicht, dass es zu viel Streit gibt. Man kann gar nicht genug streiten. Das Problem ist, dass sie den anderen nicht wissen lassen, wie sie sich fühlen."

— Rob Parsons

Plant eure nächste Ehe-Zeit

	Mo	Di	Mi	Do	Fr	Sa	So
Morgen							
Nachmittag							
Abend							

Du oder ich? Wer ist dran, etwas für uns beide zu organisieren?

Diese Woche könnten wir ....

Was kannst du tun, um deinem Partner zu zeigen, dass er oder sie der wichtigste Mensch für dich ist?

Diese Woche werde ich ...

(Notiere etwas, womit du die Woche deines Partners schöner machen kannst.)

Welcher der Unterschiede zwischen uns ist der, bei dem wir uns am besten ergänzen?

Wann ist ein guter Zeitpunkt und wo ist ein guter Ort, um über Themen zu sprechen, die zu Konflikten führen?

Das Thema, das bei uns am meisten zu Konflikten führt, ist ...

Anhang 1 enthält zusätzliche Gesprächsanregungen für spezielle Konfliktbereiche. Wechselt zu der Seite/den Seiten, die für euch relevant sind:

Geld und Eigentum: Seite 148
Hausarbeit: Seite 151
Wie ihr eure Freizeit verbringt: Seite 154
Familienleben und Kindererziehung: Seite 157

Gesprächseinstieg für eine weitere Ehe-Zeit:
Sprecht darüber, wann ihr am meisten gemeinsam gelacht habt und wie ihr euch bewusst mehr Zeit für solche Momente schaffen könnt.

Einheit 4

Die Kraft der Vergebung

RÜCKBLICK

Die letzte Einheit hat mir gezeigt, dass unser unterschiedlicher Umgang mit .... eine gegenseitige Ergänzung sein kann.

Unterstreiche auf der folgenden Liste, was du gern für dich festhalten möchtest:

Ich möchte:

- eine Verabredung organisieren,
- das emotionale Bedürfnis meines Partners/meiner Partnerin nach .... erfüllen,
- besser zuhören,
- meine Gefühle besser ausdrücken,
- mich mehr auf das Problem konzentrieren als darauf, meinen Partner anzugreifen,
- mir Zeit nehmen, um gemeinsam zu beten,
- meinem Partner sagen, was ich am meisten an ihm schätze.

Tauscht euch über das aus, was ihr notiert habt!

Einheit 4 – Die Kraft der Vergebung

Um Entschuldigung zu bitten und sich gegenseitig zu vergeben, ist deshalb so wichtig, weil wir uns immer wieder einmal verletzen werden.

Eine Verletzung muss wieder heilen, damit unsere Ehe gelingt.

> **Ungeklärte Verletzungen untergraben das Vertrauen und die Offenheit zwischen uns und verhindern echte Intimität.**

Reaktionen auf Verletzungen

Wut

Wut an sich ist nicht schlecht – sie ist ein gottgegebener innerer Mechanismus, der uns zeigt, dass etwas nicht in Ordnung ist und geklärt werden muss.

Aber wir können Wut auch völlig falsch einsetzen.

Zwei unangemessene Arten, mit Wut umzugehen:

wie Nashörner
- Sie greifen an, wenn sie provoziert werden.

wie Igel
- Sie ziehen sich zurück, wenn sie angegriffen werden.

PAARGESPRÄCH 1

5 Minuten

NASHÖRNER UND IGEL

Finde heraus, ob du eher ein Nashorn oder ein Igel bist. Frage deinen Partner, wenn du dir nicht sicher bist.

Wenn wir mit Wut nicht angemessen umgehen, kann dies zu einer Abwärtsspirale führen.

„Wenn ihr zürnt, sündigt nicht! Die Sonne soll über eurem Zorn nicht untergehen."

– EPHESER 4,26

> **Ein Gefühl wird nie tot begraben – es wird immer lebendig begraben.**
>
> SELWYN HUGHES

Was geschieht, wenn Verletzungen und Ärger verdrängt werden?

Auswirkungen auf das Verhalten

- Unfähigkeit, sich zu entspannen
- sexuelle Unlust
- Jähzorn / Intoleranz
- Flucht in Drogen / Alkohol / Pornografie etc.
- Flucht in Arbeit / Kinder / religiöse Aktivitäten

Körperliche Auswirkungen

- Schlafstörungen
- Essstörungen
- Krankheiten wie z. B. Geschwüre, Bluthochdruck, Schmerzen

Emotionale Auswirkungen

- Verlust von positiven Gefühlen wie Romantik, Liebe, Freude
- geringes Selbstbewusstsein / Depressionen
- Rückzug, Verschlossenheit
- Angst vor Auseinandersetzungen

Erkennst du einige dieser Symptome bei dir wieder? Könnten sie durch verdrängte Verletzungen und Ärger verursacht sein?

PAARGESPRÄCH 2

15 Minuten

UMGANG MIT WUT

Ziel dieses Gesprächs ist es herauszufinden, wie ihr beide normalerweise reagiert, wenn ihr verletzt werdet, und wie ihr Wut und Ärger äußert.

1. Notiere mit einer Zahl zwischen 0 und 4 in dem Kästchen hinter jeder Aussage, wie sehr es auf dich persönlich zutrifft. Addiere dann die Spalten A und B.

   0. nie | 1. selten | 2. manchmal | 3. oft | 4. immer

Wenn ich verletzt werde, ...	A	B
1. versuche ich um jeden Preis, den Frieden zu erhalten.		☐
2. reagiere ich über und greife an.	☐	
3. lasse ich es mir nicht anmerken, dass ich verärgert oder verletzt bin.		☐
4. entschuldige ich mich sofort, weil ich schuld daran sein muss.		☐
5. werde ich herrisch und rechthaberisch.	☐	
6. zeige ich dem anderen die kalte Schulter / lasse ihn auflaufen.		☐
7. gebe ich schnell anderen die Schuld.	☐	
8. schlage ich zurück und gehe auf Konfrontationskurs.	☐	
9. ziehe ich mich zurück und mache innerlich dicht.		☐
10. möchte ich wegrennen und mich verstecken.		☐
11. verliere ich die Kontrolle und schreie herum, schlage Türen zu etc.	☐	
12. sage ich Dinge, die ich später bereue.	☐	
13. versuche ich, meine Gefühle zu ignorieren.		☐
14. werde ich kalt und unpersönlich oder sarkastisch.		☐
15. sage ich Dinge, um meinen Partner zu verletzen.	☐	
16. verweigere ich körperliche Zuneigung / Sex.		☐
17. will ich sofort darüber sprechen.	☐	
18. werfe ich mit Vorwürfen um mich, um von meiner Verantwortung abzulenken.	☐	
19. habe ich das Gefühl, nicht das Recht zu haben, ärgerlich zu sein.		☐
20. erwähne ich alte Kränkungen, die nichts damit zu tun haben.	☐	
Summe für jede Spalte	☐	☐

Mein Ergebnis Ergebnis meines Partners

Spalte A = Nashorn-Verhalten
Spalte B = Igel-Verhalten

Zeigt euch eure Ergebnisse und tauscht euch darüber aus, besonders über eure Unterschiede.

2. Welche Worte oder Sätze sagst du während eines Streits, um deinen Partner zu verletzen?

3. Welche Worte oder Sätze benutzt dein Partner während eines Streits, die dich verletzen? (Diese Frage ist besonders wichtig, wenn ihr herausgefunden habt, dass einer von euch oder ihr beide wie ein Nashorn reagiert.)

4. Bist du in der Lage, bei einer Meinungsverschiedenheit deine Ansichten und Gefühle auszudrücken? Ist dein Partner dazu in der Lage?

5. Wenn nicht, wie könnt ihr euch dabei helfen?
(Diese Frage ist besonders wichtig, wenn ihr herausgefunden habt, dass einer von euch oder ihr beide wie ein Igel reagiert.)

Heilungsprozess bei Verletzungen

1. Die Verletzung ansprechen

Egal ob du deinen Partner verletzt hast oder du von ihm oder ihr verletzt worden bist, ergreife die Initiative, um die Dinge ans Licht zu bringen, damit sie geheilt werden können.

Kleine Kränkungen, die nie angesprochen wurden, können sich ansammeln wie kleine Steine, die einen Abfluss verstopfen.

> “
>
> **„… wenn dir einfällt, dass (dein Partner) etwas gegen dich hat, … geh und versöhne dich zuerst mit (deinem Partner).“**
>
> MATTHÄUS 5,23-24

> “
>
> **„Wenn … (dein Partner) gegen dich sündigt, dann geh und weise ihn unter vier Augen zurecht! Hört er auf dich, so hast du … (deinen Partner) zurückgewonnen.“**
>
> MATTHÄUS 18,15

2. Um Entschuldigung bitten

Übernimm die Verantwortung – widerstehe dem Drang, dich herauszureden oder deinem Partner die Schuld zu geben.

Ausflüchte finden / dem Partner die Schuld zuschieben: *„Ich weiß, dass ich dich gestern nicht vor den Kindern hätte kritisieren sollen, aber das wäre nicht passiert, wenn wir nicht wegen dir zu spät gewesen wären."*

Angemessene Entschuldigung: *„Ich habe dich verletzt, als ich dich gestern vor den Kindern kritisiert habe. Das hätte ich nicht tun sollen. Es tut mir leid."*

Ausflüchte finden / dem Partner die Schuld zuschieben: *„Ich weiß, dass ich gestern Abend grantig und unhöflich war, aber du verstehst einfach nicht, unter welchen Druck ich in den letzten beiden Wochen auf der Arbeit gestanden habe."*

Angemessene Entschuldigung: *„Es war egoistisch und taktlos von mir, dass ich gestern Abend so unhöflich und grantig zu dir war. Es tut mir leid, dass ich dich verletzt habe."*

Finde heraus, wie schwerwiegend die Verletzung für deinen Partner gewesen ist.

- **Nutze die „Richter-Skala".**
- **Frage deinen Partner: .„Ist das jetzt eine 0 oder 1 für dich oder eher eine 9 oder 10?"**

Es vor Gott zu bekennen und seine Vergebung zu erfahren, ermöglicht es uns, die Auswirkungen des eigenen Verhaltens zu erkennen.

Sich entschuldigen öffnet den Weg für Versöhnung und Heilung.

Bei einer echten Entschuldigung gibt es keine Ausreden.

PAARGESPRÄCH 3

30 Minuten

UNBEWÄLTIGTE VERLETZUNGEN ENTDECKEN

Dieses Gespräch konzentriert sich darauf, Verletzungen zu erkennen und die Gefühle des Partners besser zu verstehen. In den Paargesprächen für zu Hause geht es dann um Entschuldigen und Vergeben.

Teil 1 – Versuche, die Verletzungen deines Partners zu erkennen

Überlege, wie du deinen Partner verletzt haben könntest und ob etwas zwischen euch noch nicht geklärt ist. Denke auch an die Zeit zurück, als ihr befreundet oder verlobt wart, an eure ersten Ehejahre oder an etwas, das vor Kurzem passiert ist (niemand ist perfekt). Frage dich:

- Was hätte ich tun sollen und habe es nicht getan?
- Was hätte ich nicht tun sollen (und tue es immer noch)?
- Wo habe ich die Bedürfnisse meines Partners nicht ernstgenommen?
- Was habe ich gesagt, das verletzend war?
- Wo habe ich versäumt, Liebe und Ermutigung zu zeigen?

Schreibe eine Liste der Dinge, die dir einfallen. Sei dabei konkret.

(zum Beispiel: *Ich bin nicht mehr zärtlich zu dir und verhalte mich ablehnend. Ich schlafe oft vor dem Fernseher ein, anstatt mit dir zu reden. Ich bin häufiger mit meinen Freunden ausgegangen als mit dir. Als wir uns vor zwei Wochen gestritten haben, habe ich unfreundliche Dinge zu dir gesagt.*)

Teil 2 – Erkenne deine eigenen Verletzungen

Überlege, auf welche Art und Weise dein Partner dich verletzt hat. Das kann vor kurzer oder längerer Zeit gewesen sein. Deinem Partner kann bewusst sein, dass er dich verletzt hat, oder auch nicht. Es kann ein einzelner Vorfall gewesen sein oder etwas, das häufig vorkommt. Sei so konkret wie möglich und beschreibe, wie du dich dabei gefühlt hast. Verwende Ich-Botschaften.

(zum Beispiel: Es hat mich verletzt, dass du nichts Besonderes zu meiner Beförderung gesagt hast. Ich bin nie darüber hinweggekommen, dass du mich belogen hast, als wir das erste Mal miteinander ausgegangen sind. Ich bin frustriert, weil du finanzielle Entscheidungen nicht mit mir besprichst.)

1. Wenn beide damit fertig sind, tauscht eure Listen aus.
2. Jeder liest still für sich, was der Partner geschrieben hat.
3. Einer von euch beginnt damit, dem Partner zurückzuspiegeln, wodurch er verletzt wurde und welche Gefühle das in ihm ausgelöst hat, ohne es zu interpretieren oder sich zu verteidigen. Du kannst Fragen stellen wie *„Wie hast du das gemeint?"* oder *„Ist da noch etwas, was du gerne sagen möchtest?"*
4. Dann sollte der Partner dasselbe tun. Stellt sicher, dass jeder von euch nun eine Vorstellung von den beschriebenen Gefühlen des Partners hat.
5. Dann gebt euch die Journale wieder zurück und ändert oder ergänzt eure Listen auf Seite 64. Nehmt euch einen Moment Zeit zum Nachdenken und versucht, die Situation mit den Augen eures Partners zu sehen.
6. Bittet Gott, euch ein neues Verständnis für die verletzten Gefühle eures Partners zu geben und den eigenen Anteil daran zu erkennen.
7. Es ist wichtig, diesen Prozess aus Enschuldigen und Vergeben bis zum Ende fortzusetzen, um *„Bitterkeit, Wut, Zorn und Geschrei"* (Epheser 4,31) loszuwerden und zu einem Abschluss zu kommen.

3. Vergeben

Vergebung ist existenziell und eine der wichtigsten Kräfte zur Heilung einer Ehe.

Vergebung ist zuerst und vor allem kein Gefühl, sondern eine Entscheidung.

- Vergeben kostet uns immer etwas.
- Die Frage ist nicht: *„Fühlen wir uns danach, dem anderen zu vergeben?"*, sondern: *„Werden wir einander vergeben? Werden wir unser Selbstmitleid, unseren Anspruch auf Gerechtigkeit und unseren Wunsch nach Vergeltung loslassen?"*

Vergebung IST NICHT:

- die Verletzung zu beschönigen und zu versuchen, sie zu vergessen,
- den Schmerz zu leugnen (und zu hoffen, dass er einfach verschwindet),
- zu denken: *„Unsere Liebe ist stärker und wird auf wundersame Weise alle Verletzungen in nichts auflösen."*

Vergebung IST:

- das Unrecht, das uns angetan wurde, anzuschauen,
- unsere Gefühle wahrzunehmen,
- uns zu entscheiden, unserem Partner das Unrecht nicht mehr vorzuhalten.

Vergebung ist ein Prozess – oft müssen wir dieselbe Verletzung immer wieder vergeben, manchmal sogar täglich.

> **„Vergebung geht über menschliche Gerechtigkeit hinaus. Sie vergibt, wo wir nicht ohne Weiteres verzeihen können."**
>
> – C. S. LEWIS

„Jede Art von Bitterkeit und Wut und Zorn ... verbannt aus eurer Mitte. Seid gütig zueinander, seid barmherzig, vergebt einander, wie auch Gott euch in Christus vergeben hat."

– EPHESER 4,31–32

Erinnere dich an Momente, in denen dir vergeben wurde oder du jemandem vergeben hast. Wie hast du dich dabei gefühlt?

Was findest du am schwierigsten beim Thema Vergebung?

Gemeinsam von vorn anfangen

Jeder Tag ist eine Chance, neu zu beginnen.

Erwartet nicht, dass sich Heilung immer sofort einstellt – Entschuldigen und Vergeben entfernen zwar die Distanz zwischen uns, doch Verletzungen hinterlassen manchmal Schrammen, die Zeit brauchen, um zu heilen.

Baut das Vertrauen wieder aus, indem ihr extra Zeit zu zweit für euch einplant und behutsam und freundlich miteinander umgeht.

PAARGESPPÄCH 4
5 Minuten

EINANDER TRÖSTEN
Frage deinen Partner, wie du ihm oder ihr in diesem Heilungsprozess helfen kannst. Wenn ihr gern betet, dann betet jetzt füreinander – laut oder leise. Oder zeige deinem Partner auf andere Weise Trost und Unterstützung.

„Liebe ist nicht nachtragend."

– 1. KORINTHER 13,5

„Darum bekennt einander eure Sünden und betet füreinander, damit ihr geheilt werdet!"

– JAKOBUS 5,16

Paargespräche für zu Hause

„Wo Vergebung im Mittelpunkt einer Ehe steht, wird eine beispiellose Kraft zur Heilung freigesetzt."

— Nicky und Sila Lee

Plant eure nächste Ehe-Zeit

	Mo	Di	Mi	Do	Fr	Sa	So
Morgen							
Nachmittag							
Abend							

Du oder ich? Wer ist dran, etwas für uns beide zu organisieren?

Diese Woche könnten wir ....

Diese Woche habe ich mich sehr darüber gefreut, dass du ...

Was war die hilfreichste Reaktion von deinem Partner, als du ihm oder ihr erzählt hast, dass du dich verletzt fühlst?

Findest du es leichter, um Entschuldigung zu bitten oder dem anderen zu vergeben? Warum ist das so?

Unbewältigte Verletzungen heilen

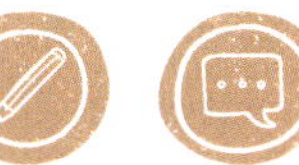

Es ist wichtig, den Prozess der Heilung für alles, was noch zwischen euch steht und mit dem ihr euch auf Seite 68 und 69 beschäftigt habt, fortzusetzen, sofern noch nicht alles geklärt ist. (Nutzt die unten stehende Anleitung auch in Zukunft für den Umgang mit Verletzungen.)

Ich habe meinen Partner am tiefsten dadurch verletzt, dass ich ....

(Schau auf die Liste auf Seite 68!)

Mein Partner fühlte sich dadurch verspottet / bloßgestellt / unbestätigt / im Stich gelassen / kritisiert / abgelehnt / ungeliebt / nicht wertgeschätzt / ....

Von jetzt an werde ich ....

Ich möchte zukünftig nicht mehr ....

Wenn du magst, kannst du ein Gebet aufschreiben, in dem du Gott deine Schuld bekennst, dein Bedauern ausdrückst und um Vergebung und Hilfe bittest, damit du dieses Verhalten ablegen kannst, das deinen Partner verletzt.

Zum Beispiel: *„Herr, ich danke dir, dass du denen hilfst, die dich um Hilfe anrufen. Es tut mir leid, dass ich meinen Partner verletzt habe, indem ich* ....

....

Ich bitte dich, mir zu vergeben und mir zu helfen, mich zu ändern, damit ich meinen Partner in Zukunft nicht mehr verletze. Bitte heile unsere Beziehung und zeig mir, wie ich meine Liebe meinem Partner gegenüber am besten ausdrücken kann."

Bitte umblättern!

Entschuldige dich bei deinem Partner

„Es tut mir sehr leid, dass ich ....“

„Ich weiß, es hat dich verletzt und du fühlst dich dadurch ...“

„Von nun an werde ich versuchen ...“

„Bitte vergib mir.“

Wenn du dazu bereit bist, sage deinem Partner, dass du ihm vergibst.

„Ich vergebe dir, dass du ....“

Wenn es dir schwerfällt, bitte Gott um Hilfe. Es kann hilfreich sein, ein persönliches Gebet aufzuschreiben.

Zum Beispiel: *„Herr, ich danke dir, dass du alles über mich weißt und mich liebst. Danke, dass du bereit bist, mir zu vergeben, wo ich andere verletzt habe. Du weißt, wie verletzt und wütend ich auf meinen Partner war, als er mich kritisiert hat, obwohl ich mein Bestes gegeben habe. Ich entscheide mich jetzt, meine Wut und meinen Groll loszulassen. Ich lege meinen Wunsch nach Vergeltung in deine Hände und bitte dich, meinem Mann/meiner Frau zu helfen, sich zu ändern. Ich entscheide mich jetzt, ihm/ihr zu vergeben, wie du mir vergeben hast. Bitte heile du meinen Schmerz mit deiner Liebe.“*

Einander trösten

Dies ist besonders wichtig, wenn ihr euch füreinander geöffnet und euch verletzlich gemacht habt. Es wird euch dabei helfen, dass die Verletzungen heilen.

Wenn ihr gern betet, dann betet für euren Partner, dass er sich nun von Schuld und Scham befreit weiß.

Und dann überlegt euch etwas, was euch beiden Freude macht und ihr in dieser Woche unternehmen könnt. So könnt ihr die negativen Gefühle durch positive Gefühle ersetzen.

Gesprächseinstieg für eine weitere Ehe-Zeit:
Was meinst du, gibt es in deiner Verwandtschaft mehr Nashörner oder mehr Igel?

Wie wirkt sich das auf die Beziehungen in Familie und Verwandtschaft aus?

Einheit 5

Der Einfluss der Familie

RÜCKBLICK

Sag deinem Partner: „Du bist gut darin, (wähle eins davon aus) ...

- unserer Ehe-Zeit Priorität zu geben,
- mein Bedürfnis nach .... zu erfüllen (siehe „Mich kennen – dich kennen" auf Seite 20 - 21),
- über deine Gefühle zu sprechen,
- mir zuzuhören, ohne mich zu unterbrechen, zu kritisieren oder mir Ratschläge zu geben,
- mir zu sagen, was du an mir schätzt,
- über das Problem zu sprechen, anstatt mich anzugreifen, wenn wir streiten,
- mich zu unterstützen bei ...,
- nicht nachtragend zu sein,
- dich zu entschuldigen,
- mir zu vergeben."

Dann sag ihm oder ihr: „Ich muss noch daran arbeiten, (wähle eins davon aus) ...

- unserer Ehe-Zeit Priorität zu geben,
- dein Bedürfnis nach .... zu erfüllen (siehe „Mich kennen – dich kennen" auf Seite 20 - 21),
- über meine Gefühle zu sprechen,
- dir zuzuhören, ohne dich zu unterbrechen, zu kritisieren oder Ratschläge zu geben,
- dir zu sagen, was ich an dir schätze,
- über das Problem zu sprechen, anstatt dich anzugreifen, wenn wir streiten.
- dich zu unterstützen bei ...,
- nicht nachtragend zu sein,
- mich zu entschuldigen,
- dir zu vergeben."

Einheit 5 – Der Einfluss der Familie

Wie würdest du deine Herkunftsfamilie beschreiben?

Der familiäre Hintergrund hat einen großen Einfluss auf eine Ehe.

- Für einige Menschen ist die Unterstützung, die sie durch ihre Familie erfahren, gut und wirkt sich hilfreich auf ihre Ehe aus.
- Für andere ist es komplizierter und kann belastend sein.

Verlassen und loslassen

Wenn wir heiraten, sollte sich das Verhältnis zu unseren Eltern (oder anderen wichtigen Bezugspersonen, bei denen wir aufgewachsen sind) tiefgreifend ändern:

- Von der kompletten Abhängigkeit in der Kindheit zu einer gesunden Unabhängigkeit als Erwachsener.
- Verlassen bedeutet nicht so sehr eine räumliche Distanz, sondern die seelische und emotionale Unabhängigkeit.
- Wir schaffen uns **ein neues „Gravitationszentrum"** – unsere höchste Loyalität gilt nun unserem Partner.

Unterstützt euch gegenseitig!

Wenn nötig, setzt Grenzen. Das heißt nicht, den Kontakt zu den Eltern völlig abzubrechen, sondern die Beziehung zu ihnen neu zu gestalten.

> **Hört euch den Rat eurer Eltern an, aber trefft gemeinsam als Paar eure eigenen Entscheidungen**

„Darum verlässt ein Mann (und eine Frau) Vater und Mutter und bindet sich (an den anderen) …"

– GENESIS 2,24

PAARGESPRÄCH 1

10 Minuten

AKTUELLE FAMILIENBEZIEHUNGEN

- Tauscht euch aus über eure aktuellen Beziehungen zu euren Herkunftsfamilien.
- Sprecht darüber, inwiefern diese Beziehungen eine Kraftquelle und Unterstützung für eure Ehe sind.
- Dann überlegt, ob es etwas gibt, das zu Konflikten führt und was ihr daran ändern könnt.

Gesunde familiäre Beziehungen gestalten

1. Konflikte lösen

Um die „Beziehungs-Leitung" wieder frei zu bekommen, nutzt die Anleitung aus Einhei

- Findet die Hauptursache des Konflikts und sprecht darüber.
- Entschuldigt euch bei der anderen Person, wenn ihr einen Fehler gemacht habt.
- Entscheidet euch zu vergeben, wenn andere einen Fehler gemacht haben. Seid nicht nachtragend.

2. Die familiären Bedürfnisse berücksichtigen

Wenn wir nur das Störende sehen, entfremden wir uns. Wenn wir die Bedürfnisse des anderen sehen, bringt uns das einander näher. Es kann hilfreich sein, in der Beziehung zu den Eltern selbst die Initiative zu ergreifen und

- sie zu besuchen,
- ihnen zu ermöglichen, ihre Enkelkinder zu treffen,
- zu besprechen, welche Feiertage ihr gemeinsam verbringen könnt,
- sie anzurufen.

„Ehre deinen Vater und deine Mutter..."

— EXODUS 20,12

PAARGESPRÄCH 2

10 Minuten

EURE ELTERN UNTERSTÜTZEN

1. Wie kannst du deine Dankbarkeit deinen Eltern (und/oder Schwiegereltern) gegenüber ausdrücken?

2. Wie kannst du am besten mit deinen Eltern (und/oder Schwiegereltern) in Kontakt bleiben? Wie denkst du über Anrufe, Absprachen und Dauer der Besuche und andere Möglichkeiten, mit ihnen in Verbindung zu bleiben?

3. Berücksichtige die Bedürfnisse deiner Eltern und Schwiegereltern und anderer Verwandter. Kreuze in der Liste die treffenden Kästchen für ihre Bedürfnisse an. Daneben kannst du notieren, wie du ihnen am besten helfen kannst.

Eltern des Ehemanns (oder andere Verwandte)	Bedürfnisse	Eltern der Ehefrau (oder andere Verwandte)
☐	Rat	☐
☐	Freundschaft	☐
☐	Gespräche	☐
☐	Ermutigung	☐
☐	praktische Hilfe	☐
☐	Sicherheit	☐
☐	Verständnis	☐
☐	.... anderes Bedürfnis	☐
☐	.... anderes Bedürfnis	☐

Der Blick auf unsere Vergangenheit

Durch unsere Herkunftsfamilie bringen wir einen Mix aus Erfahrungen mit in unsere Ehe:

- gute Erfahrungen (für die wir dankbar sein können),
- andere Erfahrungen, als unser Partner gemacht hat (was zu Konflikten führen kann),
- negative Erfahrungen (die vielleicht sogar schmerzhaft sind).

Ein gesundes Zuhause bietet eine **sichere Basis**, von der aus Kinder die Welt entdecken können, und einen **sicheren Hafen**, in den sie zurückkehren können, um ihre emotionalen Bedürfnisse zu stillen.

Unterdrückte Wut und Ärger aus der Vergangenheit können sich gegen den eigenen Partner richten.

Gibt es irgendwelche negativen Kindheitserfahrungen, die die Beziehung zu deinem Partner beeinflussen?

„Soweit es euch möglich ist, haltet mit allen Menschen Frieden!"

— RÖMER 12,18

PAARGESPRÄCH 3

30 Minuten

ÜBER EURE KINDHEIT NACHDENKEN

A. Die Beziehungen zu deinen engsten Familienmitgliedern

Der große Kreis, der unten abgebildet ist, repräsentiert dich. Zeichne weitere Kreise, um die Beziehungen zu anderen Mitgliedern deiner Herkunftsfamilie in deiner Kindheit darzustellen.

- Wenn du eine normale Beziehung (etwas Kommunikation, aber nicht eng) zu der Person hattest, lass die Kreise sich berühren.
- Wenn es eine enge Beziehung gab (gute, offene Kommunikation und Konflikte wurden besprochen und gut gelöst), sollen die Kreise sich überlappen.
- Wenn es wenig oder keine Beziehung gab (durch Trennung, Scheidung oder einen Mangel an Kommunikation), lass einen Abstand zwischen den Kreisen.

Wenn ihr fertig seid, zeigt euch gegenseitig eure Zeichnungen.

Zum Beispiel:

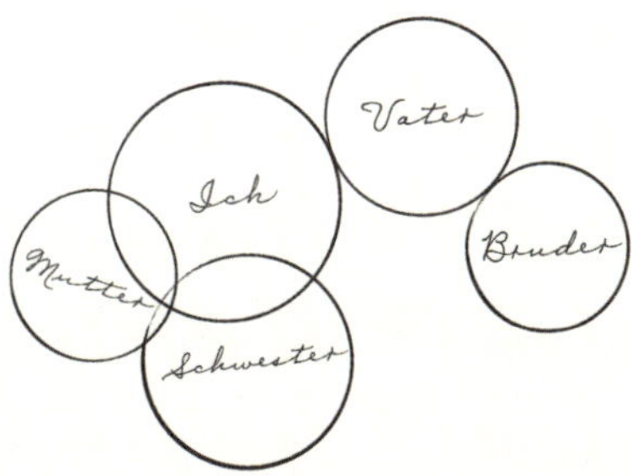

Bitte umblättern!

B. Die Beziehung zu deinen Eltern/Stiefeltern (oder den Personen, bei denen du aufgewachsen bist) Bitte Zutreffendes ankreuzen:

Haben deine Eltern oder Stiefeltern …	**Mutter/ Stiefmutter**	**Vater/ Stiefvater**
… dich als Kind gelobt und ermutigt?	☐	☐
… sich um deine körperlichen Bedürfnisse gekümmert (Nahrung, Kleidung, ein Zuhause usw.)?	☐	☐
… dir Sicherheit und Geborgenheit geschenkt?	☐	☐
… dich in deiner Entwicklung ermutigt und unterstützt?	☐	☐
… klare Regeln aufgestellt/angemessene Grenzen gesetzt?	☐	☐
… dir dem Alter entsprechend zunehmend Freiheiten gewährt?	☐	☐
… dich getröstet, wenn du traurig warst?	☐	☐
… dir Geschenke gemacht?	☐	☐
… Interesse an deinem Leben gezeigt?	☐	☐
… jedes Kind gleich behandelt?	☐	☐
… ihre Fehler zugegeben und sich ggf. bei dir entschuldigt?	☐	☐
… dir deine Fehler vergeben?	☐	☐
… realistische Erwartungen an dich gestellt, die deinem Alter entsprachen?	☐	☐
… deine Freunde akzeptiert?	☐	☐
… dir geholfen, gut mit Geschwistern auszukommen?	☐	☐
… klare Familienregeln aufgestellt?	☐	☐
… Disziplin in einer konsequenten und fairen Weise ausgeübt?	☐	☐
… ausreichend Zeit mit dir verbracht (z. B. mit dir gespielt)?	☐	☐
… dir körperliche Zuwendung gezeigt (z. B. dich umarmt)?	☐	☐
… dir das Gefühl einer „sicheren Basis" gegeben, um die Welt zu entdecken?	☐	☐
… dir einen „sicheren Rückzugsort" und Hafen geboten?	☐	☐

C. Die Beziehung deiner Eltern/Stiefeltern (oder anderer Sorgeberechtigter) zueinander

Haben deine Eltern oder Stiefeltern …	**Ja**	**Manchmal**	**Nein**	**Weiß nicht**
… eine starke, liebevolle Beziehung zueinander gehabt?	☐	☐	☐	☐
… Interesse aneinander gezeigt?	☐	☐	☐	☐
… regelmäßig zusammen Spaß gehabt?	☐	☐	☐	☐
… gern allein Zeit miteinander verbracht?	☐	☐	☐	☐
… sich körperliche Zuneigung gezeigt?	☐	☐	☐	☐
… sich gegenseitig bei größeren und kleineren Aufgaben geholfen?	☐	☐	☐	☐
… sich gegenseitig durch Lob und Anerkennung ermutigt?	☐	☐	☐	☐
… sich gegenseitig Respekt gezeigt?	☐	☐	☐	☐
… ehrlich und offen miteinander gesprochen?	☐	☐	☐	☐
… sich gegenseitig zugehört, ohne zu unterbrechen oder zu kritisieren?	☐	☐	☐	☐
… Konflikte erfolgreich gelöst?	☐	☐	☐	☐
… sich ggf. entschuldigt und einander vergeben?	☐	☐	☐	☐
… sich geeinigt, wie sie mit Geld umgehen?	☐	☐	☐	☐
… einander Geschenke gemacht?	☐	☐	☐	☐
… gemeinsame Hobbys und Interessen gehabt?	☐	☐	☐	☐
… bei Konflikten Verhandlungsbereitschaft gezeigt?	☐	☐	☐	☐
… sich gegenseitig die Treue gehalten?	☐	☐	☐	☐

Bitte umblättern!

Wenn ihr A, B und C beantwortet habt, tauscht euch bitte über die folgenden Fragen aus:

- Für welche Aspekte aus deiner Kindheit kannst du dankbar sein?
- Gibt es unerfüllte Bedürfnisse aus deiner Kindheit?
- Wenn ja, bist du dir im Klaren über den negativen Einfluss auf eure Ehe?
- Gibt es positive Auswirkungen auf eure Ehe und Familie durch das gute Vorbild deiner Eltern/Stiefeltern/Sorgeberechtigten?
- Bist du dir der negativen Auswirkungen auf eure Ehe und Familie bewusst, wenn du dem schlechten Beispiel deiner Eltern/Stiefeltern/Sorgeberechtigten folgst?

Schmerzhafte Kindheitserinnerungen heilen

1. Um die unerfüllten Bedürfnisse von dir und deinem Partner trauern

Das wird wahrscheinlich starke Gefühle auslösen, doch wenn du dir den erlittenen Schmerz eingestehst, kann dich das einen großen Schritt voranbringen.

Erlaube deinem Partner, über das zu reden, was er vermisst hat, und schenke ihm deine emotionale Unterstützung.

2. Vergeben

Gib alle Erwartungen und Sehnsüchte auf, deren Erfüllung du dir immer noch von deinen Eltern oder anderen Personen erhoffst. Vergebung eine andauernde Entscheidung und unerlässlich für die innere Heilung.

Jemandem vergeben heißt nicht, seine Handlungen gutzuheißen. Vergebung heißt, frei zu werden von dem Schmerz über das, was dir angetan wurde.

„Freut euch mit den Fröhlichen und weint mit den Weinenden!"

– RÖMER 12,15

Vergebung kann durch ein Gebet ausgedrückt werden:

- Nichts übersteigt Gottes Kraft, zu heilen und wiederherzustellen.
- Bete für dich selbst und betet füreinander.
- Bitte Gott, den Verlust zu heilen.
- Beschäftige dich mit Gottes Verheißungen in der Bibel.
- Vertraue auf Gottes bedingungslose Liebe. Er liebt dich so, wie du bist.
- Nimm deine Kindheitsverletzungen nicht als Entschuldigung, um die Bedürfnisse deines Partners nicht zu erfüllen.

PAARGESPRÄCH 4

5 Minuten

EINANDER TRÖSTEN

- Wenn das ein schwieriges Thema für deinen Partner war, dann frage ihn oder sie: „Was war für dich schmerzhaft bei diesem Thema?"
- Wiederhole dann, was er gesagt hat, um zu zeigen, dass du in dieser Sache an seiner Seite bist.
- Dann frage deinen Partner nach einer Sache, bei der du sie oder ihn unterstützen kannst. Wenn ihr beten möchtet, betet füreinander. Oder drückt eure Unterstützung auf eine andere Art und Weise aus.

„Mit ewiger Liebe habe ich dich geliebt, darum habe ich dir die Treue bewahrt."

– JEREMIA 31,3

Paargespräche für zu Hause

„Sich gemeinsam mit unseren Herkunftsfamilien zu beschäftigen bedeutet, dass wir besser verstehen werden, wo der andere herkommt; und dann können wir gemeinsam daran arbeiten, unserer eigene, ganz einzigartige Ehe-Kultur zu erschaffen."

— Nicky und Sila Lee

Plant eure nächste Ehe-Zeit

	Mo	Di	Mi	Do	Fr	Sa	So
Morgen							
Nachmittag							
Abend							

Du oder ich? Wer ist dran, etwas für uns beide zu organisieren?

Diese Woche könnten wir ....

Diese Woche hast du mich zum Lächeln gebracht, als du ...

Was waren die positiven Aspekte deiner Familie, in der du aufgewachsen bist?

Was waren die negativen Aspekte deiner Familie, in der du aufgewachsen bist?

Was sind die größten Unterschiede zwischen euch in Bezug auf eure Kindheit?

Ich danke dir dafür, dass ich durch unsere Ehe Heilung erfahren habe von Verletzungen und Verlusterfahrungen aus meiner Kindheit, und zwar ....

Überlegt euch eine Sache, wie ihr in dieser Woche eure Eltern, Schwiegereltern oder andere Verwandte unterstützen könnt.

– Für weitere Gespräche über gute Beziehungen zu euren Familien und Verwandten geht auf Seite 162, Anhang 3.

Gesprächseinstieg für eine weitere Ehe-Zeit:
Erzählt euch gegenseitig, wie ihr euch eure Beziehung und euer Familienleben vorstellt. Was ist eure Vision, was erhofft ihr euch, was strebt ihr an? (Das könnte auch ziemlich anders aussehen als das Zuhause, in dem ihr aufgewachsen seid.)

Einheit 6

Guter Sex

RÜCKBLICK

Frage deinen Partner, was für ihn oder sie das Wichtigste war in der letzten Einheit über den Einfluss der Familie.

Eine Sache, die jeder von uns tun könnte, um die Beziehung zu unseren Familien zu verbessern, ist ...

Einheit 6 – Guter Sex

> **Emotionale Verbundenheit führt zu gutem Sex, und guter Sex vertieft die emotionale Verbundenheit.**

Sex ist die ultimative Sprache unseres Körpers, durch die wir unser Verlangen nach unserem Partner ausdrücken – unsere Sehnsucht nach

- Nähe
- Trost
- Liebe
- Schutz
- und den Wunsch nach einem gemeinsamen Kind

Unsere sexuelle Beziehung

- führt zu emotionalem Wohlbefinden, was uns hilft, besser mit Stress und dem Druck des Lebens umzugehen,
- ist Ausdruck des „ein-Fleisch-Seins" und vertieft die Beziehung,
- ist abhängig von der emotionalen Verbundenheit zwischen uns.

Was bedeutet Sex für dich?

„Ich gehöre meinem Geliebten und mein Geliebter gehört mir …"

– HOHELIED 6,3

Fünf Geheimnisse, um das Feuer am Brennen zu halten

1. Miteinander reden

Das kann erst einmal schwierig sein, denn es berührt einen zutiefst persönlichen Bereich und erfordert von uns, dass wir uns verletzlich machen.

Sagt euch gegenseitig, was euch gefällt; verlasst euch nicht auf Vermutungen.

Die meisten Paare haben hin und wieder Probleme in ihrer sexuellen Beziehung.

40 % der Frauen und 30% der Männer erleben in irgendeiner Weise sexuelle Schwierigkeiten.

> **Betrachtet kein Problem in eurer sexuellen Beziehung als „dein" oder „mein", sondern immer als „unser" Problem.**

PAARGESPRÄCH 1

10 Minuten

EINANDER BESSER VERSTEHEN

- Tauscht euch darüber aus, mit welchen positiven oder negativen Botschaften über Sex ihr aufgewachsen seid.
- Sprecht darüber, ob die Erfahrungen aus eurer Kindheit es euch heute leicht oder schwer machen, über eure sexuelle Beziehung zu reden.

2. Prioritäten setzen

Schützt den Raum für euer Liebesleben:

- Keine Bildschirmgeräte im Schlafzimmer!
- Schafft euch, wenn nötig, einen Wecker an.

Seid kreativ:

- Variiert die Atmosphäre – gedämpftes Licht kann helfen.
- Bringt Abwechslung in euer Liebesleben. Nicht immer derselbe Ort, dieselbe Routine.
- Wechselt euch ab, wer die Initiative ergreift.
- Geht bei aller Kreativität behutsam vor, in einem Tempo, das beiden passt.
- Unsere Einstellung sollte immer sein, unserem Partner Freude zu bereiten und nicht in erster Linie uns selbst.

> **Sex ist nicht nur der Zuckerguss auf dem Ehe-Kuchen – sondern eine wichtige Zutat im Kuchen selbst.**

Welche kreativen Veränderungen könnt ihr in eurem Schlafzimmer vornehmen, um euer Sexleben zu verbessern?

3. Vorfreude / Romantik

Unser mächtigstes und wichtigstes Kapital ist unsere Vorstellungskraft.

Eine eigene Sprache und private Signale für Sex entfachen die Fantasie und steigern Vorfreude und Verlangen. (Der beste Sex beginnt beim Frühstück.)

Phasen sexueller Enthaltsamkeit, mit denen beide einverstanden sind, können die sexuelle Beziehung eines Paares ebenfalls verbessern.

Romantik schafft den Rahmen für unser Liebesleben.

Erotische Gedanken und Wünsche sollten sich ausschließlich auf unseren Partner beziehen.

> **Romantik ist die Brücke zwischen unserem Alltag und dem privaten Bereich unserer Sexualität.**

Eure Kursleiter geben euch gern Empfehlungen zu Büchern, Webseiten und Beratungsmöglichkeiten für eine gute sexuelle Beziehung und bei Problemen mit Pornografie-Konsum.

„Im Übrigen, Brüder und Schwestern: Was immer wahrhaft, edel, recht, was lauter, liebenswert, ansprechend ist, was Tugend heißt und lobenswert ist, darauf seid bedacht!"

– PHILIPPER 4,8

PAARGESPRÄCH 2

10 Minuten

UNSERE ROMANTISCHSTEN MOMENTE

- Erzählt euch gegenseitig die für euch romantischsten Momente eurer Beziehung, egal ob kürzlich oder aus der Zeit, als ihr euch kennengelernt habt.
- Hört aufmerksam zu, dann wird es euch helfen, auch in Zukunft romantische Momente zu erschaffen.

4. Aufgeschlossenheit

Sex beginnt oft mit einer Entscheidung und dann folgt die Erregung.

Sexuelle Aufgeschlossenheit kann das Wohlbefinden und Selbstvertrauen deines Partners stärken.

Um uns sexuell hingeben zu können, brauchen wir eine vertrauensvolle Atmosphäre.

Was hindert dich daran, positiv zu reagieren, wenn dein Partner die Initiative zum Sex ergreift?

„... an unseren Türen warten alle köstlichen Früchte, frische und solche vom Vorjahr, für dich habe ich sie aufgehoben, mein Geliebter."

– HOHELIED 7,14

5. Zärtlichkeit

Beim Sex geht es darum, zu geben.

- Zeige praktische Unterstützung im Alltag und nimm dir Zeit, dich auf die emotionalen Bedürfnisse des anderen einzustellen.

Männer und Frauen sind in Bezug auf sexuelle Erregung unterschiedlich „verdrahtet".

Guter Sex orientiert sich am ANDEREN und ist nicht SELBSTbezogen.

Freundliche Worte stärken das Selbstvertrauen unseres Partners.

- Kritisiert niemals den Körper eures Partners.
- Sagt euch immer wieder, was euch am anderen gefällt.

Überlege dir eine Sache, wie du deinem Partner Zärtlichkeit zeigen und eure sexuelle Beziehung verbessern kannst.

Es besteht eine enger Zusammenhang zwischen der gegenseitigen Stärkung des Selbstbewusstseins und dem Aufbau einer intimen sexuellen Beziehung.

„Sein linker Arm liegt unter meinem Kopf und sein rechter umfängt mich."

– HOHELIED 2,6

PAARGESPRÄCH 3

30 Minuten

ÜBER SEX SPRECHEN

Bearbeitet die Aufgaben A, B und C jeder für sich!

A. Bewertet euer Liebesleben

Kreise bei jedem Qualitätsmerkmal eine Zahl ein, die eure sexuelle Beziehung für dich am besten beschreibt – zuerst für dich selbst (A). Trage dann ein, wie dein Partner es deiner Einschätzung nach bewerten würde (B).
1 = nicht so gut, 5 = sehr gut.

A. Du	Qualitätsmerkmal	B. Dein Partner
1 2 3 4 5	Miteinander reden	1 2 3 4 5
1 2 3 4 5	Prioritäten setzen	1 2 3 4 5
1 2 3 4 5	Vorfreude/Romantik	1 2 3 4 5
1 2 3 4 5	Aufgeschlossenheit	1 2 3 4 5
1 2 3 4 5	Zärtlichkeit	1 2 3 4 5

An welchem Bereich oder an welchen Bereichen musst du noch arbeiten?

B. Benennt mögliche Problembereiche

1. Gibt es Unterschiede, wie ihr als Mann oder Frau eure Sexualität erlebt?

   Haben diese Unterschiede positive oder negative Auswirkungen auf eure Beziehung?

   Wenn positiv, was ist der Hauptgrund dafür?

   Wenn negativ, was ist der Hauptgrund dafür?

Bitte umblättern!

2. Haben dein Selbstwertgefühl und deine Einstellung zu deinem Körper einen negativen Einfluss auf euer Liebesleben? Wenn ja, warum?

   Wie könnte dein Partner dir helfen?

3. Gibt es unbewältigte Gefühle (z. B. Groll, Verletzungen, Unversöhnlichkeit, Angst oder Schuld), die euer Liebesleben beeinflussen?

   Wie könnt ihr das klären?

4. Ist euer Liebesleben wenig aufregend?
   Wenn ja, was würdest du gern einmal ausprobieren?

5. Wird die Häufigkeit, wie oft ihr miteinander schlaft, durch Übermüdung beeinträchtigt? Wenn ja, was sind die Ursachen für die Übermüdung?

   Was könnte dir mehr Energie geben? (z. B. Sport und Bewegung, anregende Gespräche, Sex planen und ihm Priorität einräumen, mehr Schlaf, weniger ausgehen, mehr Spaß und weniger Arbeit)

6. Fühlst du dich frei, über euer Liebesleben zu sprechen? Wenn ja, schreibe zwei oder drei Dinge auf, die dein Partner dir kürzlich gesagt hat und die euer Liebesleben verbessert haben:

   Wenn nicht, notiere einige Gründe, warum es dir schwerfällt:

   Welche Worte würdest du gern von deinem Mann oder deiner Frau hören, die er oder sie noch nie zu dir gesagt hat?

7. Was sind die stärksten Romantik-Killer für dich?

C. Schreibe ein Drehbuch

Schreibe verschiedene Kriterien auf, die für dich ein gutes Liebesleben ausmachen.

Werde konkret! (z. B. welcher Zeitpunkt, wer die Initiative ergreift, was du anregend findest, Stellung, Atmosphäre, Ort, Romantik, Zärtlichkeit, Verführung und Erregung (Vorspiel) und das „Danach".) Wir können nicht ahnen, was der andere sich wünscht oder vorstellt.

1.
2.
3.
4.
5.
6.
7.
8.
9.
10.

D. Versucht, einander besser zu verstehen

- Wenn ihr beide fertig seid, tauscht die Journale und lest, was der andere bei A, B und C geschrieben hat.
- Tauscht euch darüber aus und beginnt mit den Punkten, mit denen ihr euch wohlfühlt.
- Gib dem anderen die Gelegenheit, Fragen zu stellen zu dem, was du geschrieben hast. Sage deinem Partner, was dich am meisten überrascht hat. Wenn du etwas nicht ganz verstanden hast, lass es dir erklären.

Unsere Ehe schützen

Praktische Schritte, um unsere Ehe vor Affären zu schützen:

1. Sich gegenseitig aufbauen
Die häufigste Ursache für Affären ist die mangelnde Erfüllung emotionaler Bedürfnisse.

> **Er ist unsere emotionale Verbundenheit, die letztlich unsere sexuelle Anziehung lebendig hält.**

2. Grenzen ziehen
Untreue beginnt und endet im Kopf.

Wir können nicht verhindern, uns zu anderen hingezogen zu fühlen, aber wir können entscheiden, ob wir den Gedanken zulassen oder nicht.

Die wenigsten Affären beginnen mit körperlicher Anziehung, sondern durch vertrauliche Kommunikation.

3. Darüber sprechen
Wenn die Gefühle übermächtig werden, sprich mit deinem Partner oder jemand anderem. Das kann helfen, die Blase zum Platzen zu bringen.

4. Den Sex lebendig halten
Es ist normal, dass wir von Zeit zu Zeit ein unterschiedlich starkes Verlangen nach Sex haben.

Lieben heißt, dem anderen etwas zu geben – manchmal bedeutet es, die Initiative zu ergreifen, und manchmal, Zurückhaltung zu zeigen.

Wenn die emotionale Vertrautheit wächst, wächst meistens auch die Lust.

Manchmal müssen wir zurück zum Wesentlichen und neu entdecken, wie schön es ist, zu berühren und berührt zu werden.

„Bewahrt euch also euren verständigen Geist und handelt nicht treulos!"

– MALEACHI 2,16B

PAARGESPRÄCH 4

5 Minuten

SICH GEGENSEITIG UNTERSTÜTZEN

- Tauscht euch aus, was für euch in dieser Einheit wichtig war.
- Entschuldigt euch, falls ihr eure sexuelle Beziehung durch irgendetwas beeinträchtigt habt. Zeigt dem anderen gegebenenfalls., dass ihr ihm oder ihr vergeben habt.
- Fragt euren Partner, wie ihr ihn oder sie in der nächsten Woche unterstützen könnt. Wenn ihr gern betet, dann betet jetzt füreinander – laut oder leise. Oder zeigt eurem Partner auf andere Weise eure Unterstützung.

„Lege mich wie einen Siegelring an dein Herz, wie einen Siegelring um deinen Arm. Denn stark wie der Tod ist die Liebe und ihre Leidenschaft so unentrinnbar wie das Totenreich. Ihre Glut lodert wie Feuer, sie ist eine Flamme des Herrn. Große Wassermassen können die Liebe nicht auslöschen, Ströme sie nicht überfluten. Und wenn einer seinen ganzen Besitz hergäbe, um sich die Liebe zu erkaufen, so würde man nur über ihn spotten."

– HOHELIED 8,6-7

Paargespräche für zu Hause

„Man muss ständig neue Wege finden, die sexuelle Energie lebendig zu halten … Das geschieht nicht einfach so. Du musst etwas dafür tun. Du musst dich für eine aufregende, lebendige, emotional befriedigende sexuelle Beziehung entscheiden und ihr Priorität einräumen.“

— Michele Weiner Davis,
TEDx-Sprecherin und Autorin von *The Sex-Starved Marriage*

Plant eure nächste Ehe-Zeit

	Mo	Di	Mi	Do	Fr	Sa	So
Morgen							
Nachmittag							
Abend							

Du oder ich? Wer ist dran, etwas für uns beide zu organisieren?

Diese Woche könnten wir ....

Diese Woche habe ich mich sehr geliebt gefühlt, als du ...

Eine Sache, die ich ändern möchte, um unser Sexleben zu verbessern ...

Drei Top-Tipps von Emma Waring für euer Liebesleben

1. Müdigkeit ist eines der größten Hindernisse. Statt viel Zeit fürs Einkaufen und Kochen aufzuwenden, könnt ihr euch an einem Abend verabreden, etwas zum Mitnehmen zu besorgen oder Essen zu bestellen. Das macht den Abend zu etwas Besonderem und gibt euch mehr Zeit, euch aufeinander einzustellen.

2. Wie wäre es damit: Schickt euch verführerische Textnachrichten, wie z. B.: „Rate mal, welches Dessous ich heute trage ..." Selbst wenn euer Partner sehr beschäftigt ist und nicht in gleicher Weise antworten kann, so kann er doch eine kurze Nachricht zurückschicken. Ihr beide habt Spaß und die Spannung steigt.

3. Nehmt ein Bad oder geht unter die Dusche, sobald ihr von der Arbeit nach Hause kommt. So könnt ihr die Sorgen des Tages im wahrsten Sinne des Wortes abwaschen. Dann zieht euch etwas Bequemes oder Nachtwäsche an. Das sorgt für eine entspannte Atmosphäre.

Verabredet euch, miteinander zu schlafen (auch wenn euch das anfangs konstruiert vorkommt), damit ihr die Ideen aus dem Drehbuch (Seite 105) umsetzen könnt. Glück und Erfüllung in diesem Bereich eurer Ehe werden davon abhängen, ob es euch gelingt, so auf die Bedürfnisse des anderen einzugehen, wie ihr es euch für euch selbst wünscht. Achtet darauf, euren Partner nicht zur Erfüllung eurer Wünsche zu drängen – geht stattdessen auf die Bedürfnisse des anderen ein.

Gesprächseinstieg für eine weitere Ehe-Zeit:
Das Romantischste, das du jemals für mich gemacht hast, ist ...

Einheit 7

Liebe in Aktion

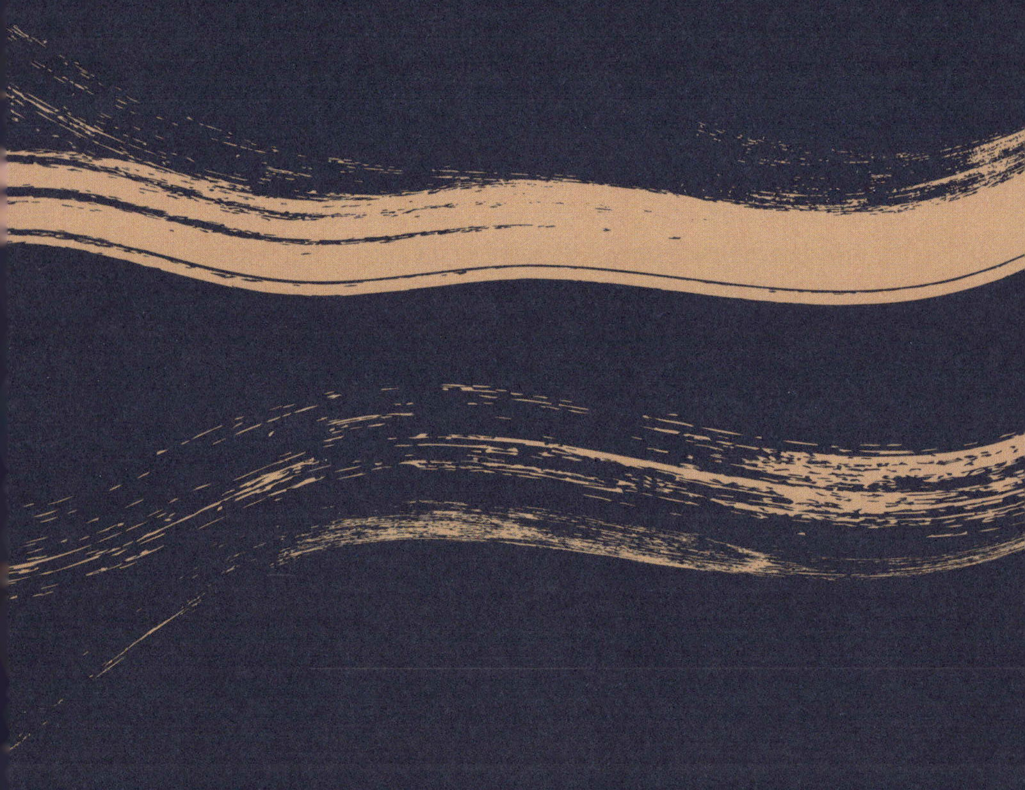

RÜCKBLICK

Fragt euren Partner:

„Was ist deiner Meinung nach das Wichtigste für unsere Beziehung aus dem Ehe-Kurs bisher?"

Tauscht euch aus:

„Das Beste, was ich tun kann, um unser Sexleben zu verbessern, ist ..."

Einheit 7 – Liebe in Aktion

> **Liebe ist mehr als nur Gefühle; es geht darum, was wir tun – es beinhaltet Aktion. Liebe kostet uns immer etwas.**

Die fünf Sprachen der Liebe[1]

1. Liebevolle Worte

2. Geschenke

3. Zärtlichkeit

4. Zeit zu zweit

5. Hilfsbereitschaft

Für jeden von uns bringt eine dieser „Liebessprachen" die Liebe effektiver zum Ausdruck als die anderen.

Die meisten Menschen haben eine andere Liebessprache als ihr Partner.

> **Häufig versuchen wir, Liebe so auszudrücken, wie wir sie verstehen und selber erleben möchten.**

Die Liebessprache des Partners zu nutzen, kann uns seltsam und unnatürlich vorkommen.

[1] Das Konzept der „Fünf Sprachen der Liebe" gründet auf dem Bestseller von Dr. Gary Chapman: *The 5 Love Languages®: The Secret to Love That Lasts (2015), erschienen bei Northfield Publishing. Mit freundlicher Genehmigung. „Die 5 Sprachen der Liebe" ist in deutscher Sprache erschienen im Verlag der Francke-Buchhandlung Marburg.*

1. Liebevolle Worte

Worte haben große Macht. Wir können unseren Partner damit aufbauen oder niedermachen.

Macht euch Komplimente und ermutigt euch jeden Tag.

Redet freundlich miteinander.

Für einige Menschen sind anerkennende Worte wie eine Oase in der Wüste.

> "
>
> **Worte beeinflussen die Liebe. Ohne liebevolle Worte beginnen Beziehungen zu sterben.**
>
> **ROB PARSONS**

„Freundliche Worte sind wie Honig – süß für die Seele und gesund für den Körper."

– SPRÜCHE 16,24

2. Geschenke

> **Geschenke sind sichtbare Symbole der Liebe.**

Geschenke zu machen, ist eine Investition in unsere Ehe.

- Ein Geschenk kann einen hohen ideellen Wert haben, ohne viel zu kosten, z. B. eine einzelne Blume oder eine Tafel Schokolade.
- Warte nicht auf besondere Anlässe.
- Finde heraus, was dein Partner mag (im Rahmen eures Budgets).

PAARGESPRÄCH 1

10 Minuten

DIE BESTEN GESCHENKE

Erzähle deinem Partner, welche Geschenke, die du von ihm oder ihr bekommen hast, für dich die schönsten waren. Erkläre, warum.

3. Zärtlichkeit

Körperliche Berührungen sind eine kraftvolle Art, Liebe auszudrücken.

- Wenn dies die wichtigste Liebessprache deines Partners ist, wird in Krisenzeiten eine Berührung mehr als alles andere zeigen, dass er oder sie dir wichtig ist.

Wir müssen die ganze Bandbreite an Berührungen nutzen und herausfinden, was für unseren Partner in welchem Moment geeignet ist: Händchen halten, einen Arm um die Schulter oder Taille legen, ein Kuss, eine Umarmung, eine Hand auf die Hand des anderen legen, eine Rückenmassage, sexuelles Vorspiel oder miteinander schlafen.

In der Ehe sind sowohl sexuelle als auch nicht-sexuelle Berührungen wichtig.

> **Meinen Körper berühren heißt, mich zu berühren. Wenn du dich von meinem Körper zurückziehst, entfernst du dich emotional von mir.**
>
> DR. GARY CHAPMAN

4. Zeit zu zweit

Paare können viel Zeit miteinander verbringen, ohne einander ihre Liebe zu zeigen.

Zusammengehörigkeit bedeutet mehr, als nur im gleichen Raum zu sein.

- Es beinhaltet auch, unsere Aufmerksamkeit auf unseren Partner zu konzentrieren.

Zeit zu zweit stärkt unsere Freundschaft durch:

1. Miteinander reden

Es ist wichtig, unsere Gedanken, Gefühle, Hoffnungen, Ängste und Enttäuschungen miteinander zu teilen.

Ich sollte ☐ mehr reden ☐ mehr zuhören

2. Gemeinsam essen

Ergreift die Initiative und beginnt ein Gespräch.

Stellt Fragen, auf die der andere gern antwortet.
Gemeinsame Mahlzeiten könnte ich nutzen, um ...

3. Spaß miteinander haben

Freundschaft basiert auf gemeinsamen Erlebnissen und geteilten Erinnerungen.

PAARGESPRÄCH 2

10 Minuten

ZEIT ZU ZWEIT

Jeder schreibt eine Liste von gemeinsamen Unternehmungen, die euch am besten gefallen haben oder die ihr in Zukunft gern machen würdet:

Zeigt euch, was ihr geschrieben habt, und nutzt die Listen als Anregung für eure nächsten Verabredungen.

5. Hilfsbereitschaft

Es bedeutet, dem anderen zu dienen und Liebe durch praktische Unterstützung auszudrücken.

Finde heraus, welche Art von Hilfsbereitschaft für deinen Partner wichtig und bedeutsam ist.

> **Liebe ist nicht nur ein Gefühl – sie erfordert eine bewusste Entscheidung, sich um die Bedürfnisse des anderen zu kümmern. Wir sind aufgerufen, die Liebe Jesu zum Vorbild zu nehmen.**

„Und wie ihr wollt, dass euch die Menschen tun sollen, das tut auch ihr ihnen!"

– LUKAS 16,31

Lieben lernen

Jesus Christus zeigte seine Liebe in allen fünf Bereichen:

1. Worte

   „Wie mich der Vater geliebt hat, so habe auch ich euch geliebt."

   Johannes 15,9

2. Zeit

   „Kommt mit an einen einsamen Ort … und ruht ein wenig aus …"

   Markus 6,31a

3. Taten

   „Da goss er Wasser in eine Schüssel und begann, den Jüngern die Füße zu waschen und mit dem Leinentuch abzutrocknen, mit dem er umgürtet war."

   Johannes 13,5

4. Berührung

   „Da streckte Jesus die Hand aus und berührte ihn."

   Lukas 5,13a

5. Geschenke

   „Dann nahm Jesus die Brote, sprach das Dankgebet und teilte es an die Leute aus, so viel sie wollten; ebenso machte er es mit den Fischen."

   Johannes 6,11

Wenn ihr beide sehr beschäftigt seid, frage deinen Partner: „Kann ich irgendetwas tun, um dir zu helfen?" Es muss nicht immer gerecht zugehen.

„Das ist mein Gebot, dass ihr einander liebt, so wie ich euch geliebt habe."

—JOHANNES 15,12

PAARGESPRÄCH 3
30 Minuten

EURE LIEBESSPRACHEN ENTDECKEN

Beantwortet die Frage 1 und 2 jeder für sich und zeigt eure Antworten dann eurem Partner, bevor ihr die Fragen 4 und 5 ausfüllt.

1. Notiere bis zu 10 bestimmte Gelegenheiten und Aktivitäten, bei denen du gespürt hast, dass dein Partner dich liebt. (Das kann zu jedem Zeitpunkt eurer Beziehung gewesen sein – vor oder nach der Hochzeit. Es kann etwas sein, was ihr regelmäßig macht oder eher selten und was für dich von großer oder auch weniger großer Bedeutung war oder ist.)

   Ich habe gespürt, dass du mich liebst, als ...
   Zum Beispiel:
   ... wir miteinander ausgingen, unter dem Sternenhimmel saßen und über unsere Zukunft gesprochen haben,
   ... du mir an unserem Hochzeitstag diese Uhr geschenkt hast,
   ... du an meinem Geburtstag ein besonderes Essen für mich gekocht hast,
   ... du mir gesagt hast, wie stolz du auf mich bist, als ich befördert wurde,
   ... du spontan deinen Arm um mich gelegt hast, während wir darauf warteten, dass der Film anfing.

   1.
   2.
   3.
   4.
   5.
   6.
   7.
   8.
   9.
   10.

2. Bewerte die fünf Arten, Liebe zu zeigen, nach ihrer Bedeutung für dich persönlich: 1 = am wichtigsten, 5 = am wenigsten wichtig. Die Antworten aus Frage 1 werden dir dabei helfen. Danach schätze ein, welche Reihenfolge zu deinem Partner passt, und notiere es in der rechten Spalte.

Du (1 bis 5)	Liebessprache	Dein Partner (1 bis 5)
	Liebevolle Worte	
	Geschenke	
	Zärtlichkeit	
	Zeit zu zweit	
	Hilfsbereitschaft	

3. Vergleicht eure Ergebnisse von Frage 1 und 2 und tauscht euch darüber aus.

4. Merke dir die erste (d. h. die wichtigste) Liebessprache deines Partners, und überlege dir drei Möglichkeiten, wie du deinem Partner in dieser Woche oder in diesem Monat am effektivsten deine Liebe zeigen kannst. (Versuche dabei realistisch zu bleiben!)

   1.

   2.

   3.

5. Sieh dir nun die zweite (d. h. die zweitwichtigste) Liebessprache deines Partners an und notiere dir dazu drei weitere Ideen, die du in dieser Woche oder in diesem Monat umsetzen kannst:

   1.

   2.

   3.

Wenn ihr mögt, könnt ihr dazu ein kurzes Quiz auf **www.5lovelanguages.com** (in englischer Sprache) machen, um die Reihenfolge eurer Liebessprachen zu bestätigen.

Das Abenteuer einer lebenslangen Liebe

Die Ehe ist eine Reise - eine dynamische Beziehung, die sich ständig ändert und weiterentwickelt.

Für den Erfolg der Reise ist euer gegenseitiges Versprechen unverzichtbar.

Verbindlichkeit ist befreiend, denn nur so können wir

- eine langfristige Perspektive einnehmen,
- die Zukunft zusammen planen,
- über momentanen Schwierigkeiten hinaussehen.

„Die Erfahrung lehrt uns, dass Liebe nicht darin besteht, dass man einander anschaut, sondern dass man gemeinsam in dieselbe Richtung blickt."

— ANTOINE DE ST. EXUPÉRY

> **Jede Ehe ist eine wirklich große Verpflichtung. Es ist die Zusage: ‚Ich bin nicht nur bereit, den Rest meines Lebens mit dir zu verbringen; ich bin bereit, den Rest meines Lebens damit zu verbringen, dich immer besser kennenzulernen. Es gibt so viel zu entdecken.'**
>
> DR. ROWAN WILLIAMS (EHEMALIGER ERZBISCHOF VON CANTERBURY)

PAARGESPRÄCH 4

5 Minuten

EINANDER UNTERSTÜTZEN

- Frage deinen Partner, ob es etwas in Bezug auf die Zukunft gibt, wofür er oder sie dein Verständnis und deine Unterstützung benötigt.
- Wenn ihr beten möchtet, betet füreinander, laut oder leise. Oder zeigt euch auf andere Art und Weise eure Unterstützung.

„Liebe und Wahrheit haben sich verbündet."

– PSALM 85,11

Paargespräche für zu Hause

„In einer von Liebe geprägten Ehe versuchen beide, die besonderen Bedürfnisse des anderen so zu erfüllen, dass der Mann oder die Frau sich wirklich geliebt fühlt."

— Nicky und Sila Lee

Plant eure nächste Ehe-Zeit

	Mo	Di	Mi	Do	Fr	Sa	So
Morgen							
Nachmittag							
Abend							

Du oder ich? Wer ist dran, etwas für uns beide zu organisieren?

Diese Woche könnten wir ....

Ideen für unsere Verabredungen diesen Monat ...

1.

2.

3.

4.

Schreibe in das Journal deines Partners eine schöne Unternehmung, die du in dieser Woche wirklich gern machen würdest.

Die Inhalte des Kurses in die Tat umsetzen

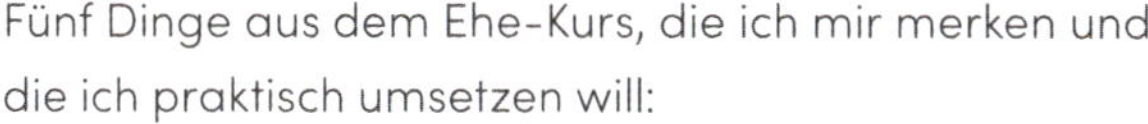

Fünf Dinge aus dem Ehe-Kurs, die ich mir merken und die ich praktisch umsetzen will:

1.

2.

3.

4.

5.

Zeigt eurem Partner, was ihr geschrieben habt!

Schreibe in das Journal deines Partners fünf Dinge, die du dir merken und praktisch umsetzen willst:

1.

2.

3.

4.

5.

Gesprächseinstieg für eure nächste Verabredung:
Wie können wir jetzt nach Beendigung des Kurses eine gute Routine für eine regelmäßig Ehe-Zeit weiterführen?

Was ist für uns die beste Art von Ehe-Zeit, die uns hilft, als Paar gut in Verbindung zu bleiben?

Wie können wir das am besten verwirklichen? Zum Beispiel: *Grenzen setzen bei der Arbeit, einen Babysitter finden, Geld dafür einplanen usw.*

Weitere Paargespräche für zu Hause, Budgetplanung

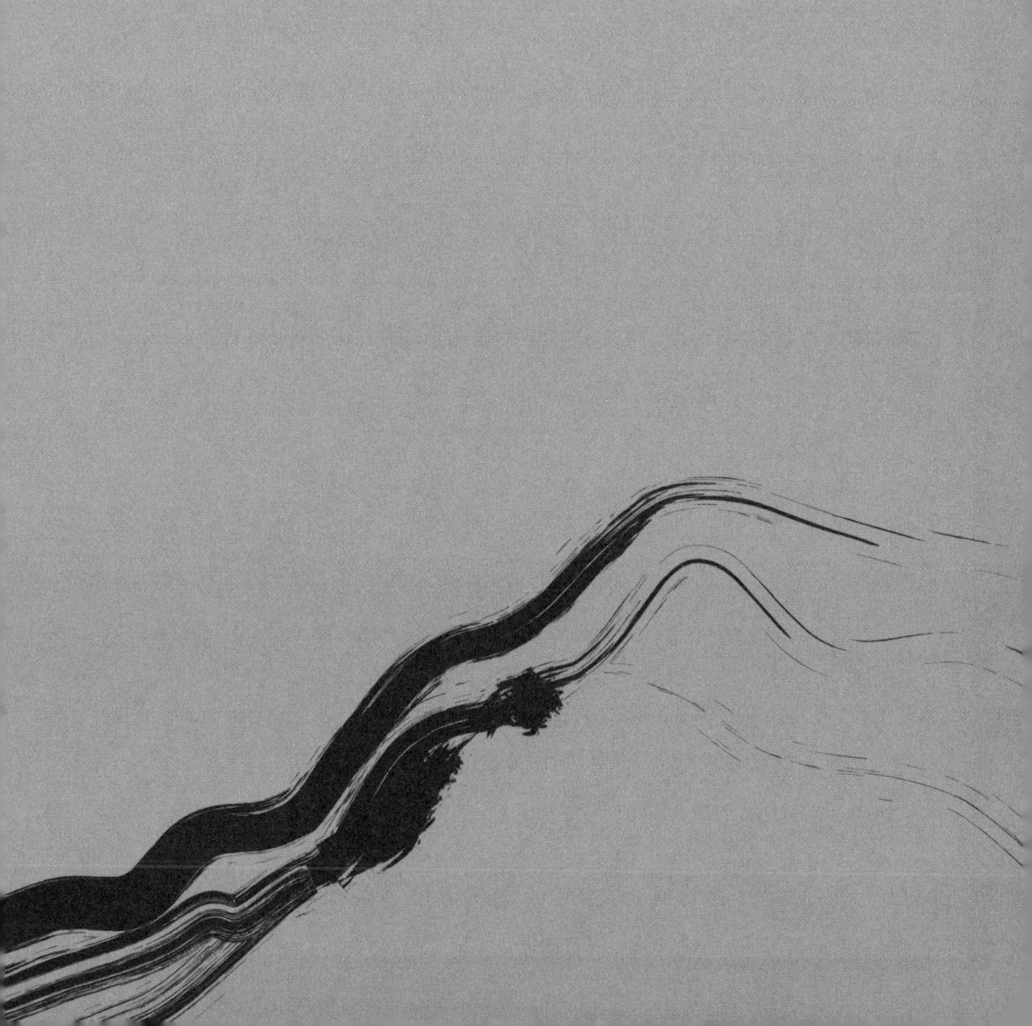

Woche 1: Gute Zeiten zu zweit

Plant eure nächste Ehe-Zeit

	Mo	Di	Mi	Do	Fr	Sa	So
Morgen							
Nachmittag							
Abend							

Du oder ich? Wer ist dran, etwas für uns beide zu organisieren?

Diese Woche könnten wir ....

GOLDENE REGEL: Nie die Ehe-Zeit verschieben ohne Rücksprache mit dem Partner.

> „
>
> **Die Ehe-Zeit ist für uns eine Zeit, in der wir Spaß haben, uns entspannen und etwas außerhalb unseres normalen Alltags machen. Manchmal treffen wir uns tagsüber, aber meist abends. Es gibt immer etwas zu essen und es dauert mindestens zwei Stunden.**
>
> NICKY UND SILA LEE

Als ich dich am Tag unserer Hochzeit zum ersten Mal sah,
fühlte ich mich ...

Gesprächseinstieg für eine weitere Ehe-Zeit:
Fragt euch gegenseitig: „Was waren die besten Verabredungen, die wir jemals hatten?“ Warum habt ihr diese Zeiten so genossen?

Woche 2: Gut kommunizieren

Plant eure nächste Ehe-Zeit

	Mo	Di	Mi	Do	Fr	Sa	So
Morgen							
Nachmittag							
Abend							

Du oder ich? Wer ist dran, etwas für uns beide zu organisieren?

Diese Woche könnten wir ....

> **Zwei Menschen können im selben Haus wohnen, im selben Bett schlafen, aber wenn sie nicht auf der Gefühlsebene kommunizieren, werden sie einander fremd.**

Ich spreche gern über ....

Ich finde es schwierig, über diese Themen zu sprechen:

Sprecht über eins dieser Themen und nutzt dabei die „Fünf Schritte für aktives Zuhören" auf Seite 34. Wechselt euch dabei ab, und wählt ein Thema, über das ihr in letzter Zeit nicht gesprochen habt.

Gesprächseinstieg für eine weitere Ehe-Zeit:

Fragt euren Partner: „Wenn Zeit und Geld kein Thema wären, wie würde dein idealer Urlaub aussehen?" Seid konkret.
An welchem Ort genau würdet ihr gerne sein? Was würdet ihr dort essen?
Wie würdet ihr eure Zeit dort verbringen?

Woche 3: Umgang mit Meinungsverschiedenheiten

Plant eure nächste Ehe-Zeit

	Mo	Di	Mi	Do	Fr	Sa	So
Morgen							
Nachmittag							
Abend							

Du oder ich? Wer ist dran, etwas für uns beide zu organisieren?

Diese Woche könnten wir ....

Drei Dinge, die ich an dir liebe ...

1.

2.

3.

Ein Hauptunterschied zwischen uns ist ...

Überlegt, wie das zu einer Stärke in eurer Beziehung werden kann.

Eine Sache, die ich zugunsten unserer Beziehung wirklich ändern könnte, ist ...

Gesprächseinstieg für eine weitere Ehe-Zeit:
Frage deinen Partner: „Welche guten Gewohnheiten oder Traditionen haben wir in unserer Ehe geschaffen?" Wenn euch nichts einfällt, sprecht darüber, welche Traditionen ihr einführen könntet, die zu euch passen. Das können ganz gewöhnliche Dinge sein, aber sie werden euch helfen, besondere Erinnerungen zu schaffen. Zum Bespiel: *An Neujahr immer frühmorgens schwimmen gehen; jeden Mittwoch gibt es ein Essen zum Mitnehmen; an einem bestimmten Wochenende im Jahr immer gemeinsam wegfahren; dem anderen zum Geburtstag eine persönliche Playlist zusammenstellen.*

Woche 4: Den Kanal frei halten

Plant eure nächste Ehe-Zeit

	Mo	Di	Mi	Do	Fr	Sa	So
Morgen							
Nachmittag							
Abend							

Du oder ich? Wer ist dran, etwas für uns beide zu organisieren?

Diese Woche könnten wir ....

Diese Woche habe ich mich sehr gefreut, als du ...

Kannst du es deinem Partner sagen, wenn du dich verletzt fühlst?

Meinst du, es ist wichtig, die Worte „Entschuldige bitte!" (ohne irgendwelche Ausreden) und „Ich vergebe dir!" tatsächlich laut auszusprechen?

Der Prozess der Vergebung wird euch mit der Zeit immer leichter fallen, doch bis es so weit ist, kann es hilfreich sein, die Schritte aus der Einheit zum Thema Vergebung zu gehen:

1. Die Verletzung ansprechen
2. Um Entschuldigung bitten
3. Vergeben

Wenn einer von euch sich vom anderen verletzt fühlt, folgt der Anleitung auf Seite 75: „Unbewältigte Verletzungen heilen".

Gesprächseinstieg für eine weitere Ehe-Zeit:
Sage deinem Partner, was du in ihm oder ihr siehst, was du in keinem anderen Menschen sehen kannst. Sprich aus, wofür du dankbar bist, was du am anderen bewunderst und welche verborgenen Talente du in ihm oder ihr siehst.

Woche 5: Beziehung zu unseren Familien

Plant eure nächste Ehe-Zeit

	Mo	Di	Mi	Do	Fr	Sa	So
Morgen							
Nachmittag							
Abend							

Du oder ich? Wer ist dran, etwas für uns beide zu organisieren?

Diese Woche könnten wir ....

Wenn wir uns gegenseitig unterstützen und die richtigen Grenzen setzen, bringt uns das emotional näher und bewahrt uns davor, dass andere Familienmitglieder einen Keil zwischen uns treiben.

Ich habe mich sehr wertgeschätzt gefühlt, als du ...

Was hast du im Kurs über die Unterschiede zwischen euren Herkunftsfamilien herausgefunden?

Auf welche Änderungen habt ihr euch geeinigt, um die Beziehung zu euren Eltern/Schwiegereltern/Verwandten zu verbessern oder sie zu unterstützen?

Gesprächseinstieg für eine weitere Ehe-Zeit:
Fragt euch gegenseitig: „Wie sieht für dich ein perfektes Wochenende aus?" Wenn sich herausstellt, dass sich eure Wochenenden mehr an den Interessen von einem von euch ausrichten als am anderen, sprecht darüber, wie ihr zu einer besseren Balance finden und mehr von den Dingen tun könnt, die der andere gern unternehmen möchte.

Woche 6: Eure sexuelle Beziehung stärken

Plant eure nächste Ehe-Zeit

	Mo	Di	Mi	Do	Fr	Sa	So
Morgen							
Nachmittag							
Abend							

Du oder ich? Wer ist dran, etwas für uns beide zu organisieren?

Diese Woche könnten wir ....

Ich fühle mich so geliebt, wenn du ...

Schaut euch das Paargespräch auf Seite 110 an, und sprecht darüber, was jeder von euch dazu beitragen kann, dass eure sexuelle Beziehung für den Partner noch schöner wird.

Ich habe Lust auf Sex, wenn du ...

> **Sagt euch gegenseitig, was ihr mögt – verlasst euch nicht auf Vermutungen.**

Gesprächseinstieg für eine weitere Ehe-Zeit:

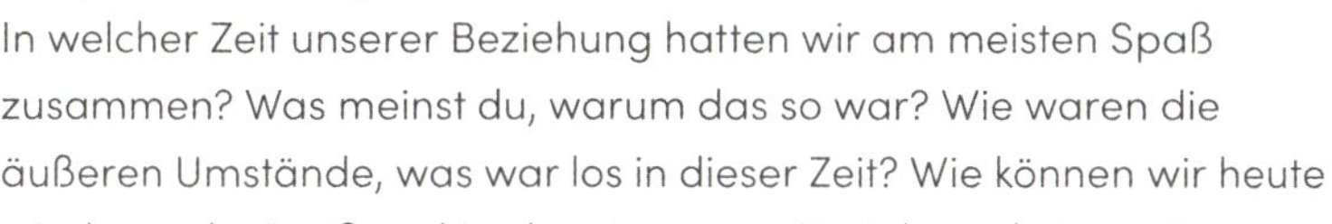

In welcher Zeit unserer Beziehung hatten wir am meisten Spaß zusammen? Was meinst du, warum das so war? Wie waren die äußeren Umstände, was war los in dieser Zeit? Wie können wir heute wieder mehr Spaß und Lachen in unsere Beziehung bringen?

Woche 7: Die Liebessprachen nutzen

Plant eure nächste Ehe-Zeit

	Mo	Di	Mi	Do	Fr	Sa	So
Morgen							
Nachmittag							
Abend							

Du oder ich? Wer ist dran, etwas für uns beide zu organisieren?

Diese Woche könnten wir ....

In der Liebe geht es darum, was wir tun – Liebe und Aktion gehören zusammen. Es ist die Entscheidung, etwas für eine andere Person zu tun, und es wird uns immer etwas kosten.

Schaut euch noch einmal das Paargespräch 3 auf Seite 122 an.

Meine wichtigsten Liebessprachen sind ...

Deine wichtigsten Liebessprachen sind ...

Bittet eure Partner, die Sätze für euch zu vervollständigen:
Eine Sache, die ich tun kann, damit du dich geliebt fühlst, ist ...

Tauscht euch aus über die Frage:
Wann haben eure unterschiedlichen Liebessprachen schon einmal zu einem Missverständnis zwischen euch geführt?

Damit mein Partner sich wirklich geliebt fühlt, werde ich regelmäßig ...

Gesprächseinstieg für eine weitere Ehe-Zeit:
Was wird uns deiner Meinung nach helfen, dass wir uns auch in 10, 20 oder 30 Jahren noch regelmäßig verabreden? Wie wird sich das auf unsere Beziehung auswirken?

Anhang 1

Lösungen finden für häufige Konfliktfelder

Die folgenden vier Gesprächsübungen helfen Paaren, die Gründe hinter häufig vorkommenden Konflikten zu erkennen.

Geld und Eigentum: Seite 148
Hausarbeit: Seite 151
Wie ihr eure Freizeit verbringt: Seite 154
Familienleben und Kindererziehung: Seite 157

Bearbeitet gemeinsam die Themen, die für euch relevant sind!

Übung 1 – Geld und Eigentum

1. **Jeder von euch kreist die Aussagen ein, die eure Einstellung zum Umgang mit Geld und Eigentum (und wie eure Familien euch geprägt haben) am besten beschreiben.**

- Vom Mund abgespart - Hatten alles, was wir wollten - Hatten alles, was wir brauchten	- Kaputtes wird repariert - Kaputtes wird weggeworfen	- Geld war immer knapp - Immer genug Geld
- Sorgen, dass der Familie das Geld ausgeht - Keine Geldsorgen	- Wurde ermutigt, Geld und Eigentum zu spenden - So viel sparen wie möglich	- Einkaufen genießen, Shoppen gehen als Freizeitbeschäftigung - Einkaufen auf ein Minimum begrenzen
- Geld wurde nur für Lebensnotwendiges ausgegeben - Geld wurde für Luxusartikel ausgegeben	- Kreditkarten wurden genutzt - Kreditkarten wurden vermieden	- Gerne Geschenke bekommen - Gerne Geschenke gemacht
- Sich ausreichend Zeit zum Entspannen genommen - Die Erwachsenen haben immer gearbeitet	- Habe gelernt, wie man spart - Habe nicht gelernt, wie man spart	- Zuversichtlicher Umgang mit Geld - Verwirrung oder Angst im Umgang mit Geld
- Die Familie hat sich unabhängig gefühlt - Geld/Rechnungen haben Streit ausgelöst	- Familien-Finanzen waren ein Rätsel - Familien-Finanzen wurden erklärt	- Als Kind erlaubt/gelernt mit Geld umzugehen - Die Erwachsenen regelten alles rund ums Geld

Andere Worte oder Sätze, die deine Einstellung zum Geld heute beschreiben:

Zeigt euch gegenseitig, was ihr notiert habt, und sprecht über die Unterschiede.

2. Unsere Werte im Umgang mit Geld und Eigentum (d. h. was uns am wichtigsten ist)

Zum Beispiel:
1. Sich um Geld keine Sorgen machen
2. Ehrlichkeit
3. Großzügigkeit
4. So viel wie möglich sparen
5. Sich an den Budgetplan halten

Schreibe zuerst deine eigene Liste, bevor du die Liste deines Partners anschaust. Erstellt dann eine gemeinsame Liste, mit der ihr beide einverstanden seid.

Meine Liste	Unsere „Einverstanden-Liste"
1.	1.
2.	2.
3.	3.
4.	4.
5.	5.

Bitte umblättern!

Übung 1 (Fortsetzung)

3. **Wählt ein Konfliktthema aus dem Bereich Geld und Eigentum. Notiert dazu mehrere mögliche Lösungen, die ihr euch vorstellen könnt. Dann einigt euch auf eine Lösung, mit der ihr beide momentan einverstanden seid.**

Zum Beispiel:

Problem	Lösungsvorschläge	Vereinbarte Lösung im Moment
Auto geht andauernd kaputt	*Ein anderes Auto kaufen* *Genug Geld ausgeben, um das Auto schnell fahrtüchtig zu machen* *In sechs Monaten ein anderes Auto kaufen* *Statt dem Auto die öffentlichen Verkehrsmittel nutzen* *Eine andere Werkstatt suchen* *Ein anderes Auto kaufen, wenn das alte das nächste Mal kaputtgeht*	*Eine andere Werkstatt suchen*

Problem	Lösungsvorschläge	Vereinbarte Lösung im Moment

Übung 2 – Hausarbeit

1. **Jeder von euch kreist die Aussagen ein, die eure Einstellung zum Umgang mit Arbeiten in Haus und Garten (und wie eure Familien euch geprägt haben) am besten beschreiben.**

- Hausarbeit wurde geteilt – keine traditionellen Geschlechterrollen - Traditionelle Rollen (z. B. Mutter hat gekocht, Vater erledigte Reparaturen) - Eine Putzkraft oder andere Hausangestellte wurde engagiert	- In der Stadt aufgewachsen (ohne Garten) - In einem Vorort oder einer Kleinstadt aufgewachsen (etwas Gartenarbeit) - Auf dem Land oder mit Landwirtschaft aufgewachsen (viel Gartenarbeit und Arbeit draußen)
- Hausarbeit war gut organisiert, auch den Kindern wurden Aufgaben zugeteilt - Von Kindern wurde nicht erwartet, im Haushalt mitzuhelfen - Kinder waren für viele Aufgaben im Haushalt verantwortlich	- Die Eltern haben viele Reparaturen selbst erledigt - Die Eltern zogen es vor, Handwerker zu holen, wenn etwas kaputt war
- Bin in einem gepflegten und ordentlichen Zuhause aufgewachsen - In einem unordentlichen und chaotischen Zuhause aufgewachsen	- Selbstbewusst an handwerkliche Projekte und Reparaturen herangehen - Unsicher bei handwerklichen Projekten und Reparaturen
- Es wurde regelmäßig geputzt und aufgeräumt - Es wurde erst geputzt und aufgeräumt, wenn sich viel Unordnung und Dreck angesammelt hatte	- Sich bei der Hausarbeit abwechseln, je nach Bedarf (entspannter Umgang) - Lieber feste Aufgaben und Rollen, an die sich jeder hält - Liste erstellen, wer was erledigt
- Habe als Kind gern im Haushalt mitgeholfen - Habe als Kind ungern im Haushalt mitgeholfen	- Gerne kochen - Nicht gerne kochen

Bitte umblättern!

Übung 2 (Fortsetzung)

Andere Worte oder Sätze, die deine Einstellung zu Arbeiten im Haushalt heute beschreiben:

Zeigt euch gegenseitig, was ihr notiert habt, und sprecht über die Unterschiede.

2. Unsere Werte in Bezug auf Arbeiten im Haushalt (d. h. was uns am wichtigsten ist)

Zum Beispiel:

1. Hausarbeit gleichmäßig aufteilen
2. Unser Zuhause soll sich „bewohnt" und entspannt anfühlen
3. Geld für Haushaltshilfe ausgeben
4. Unser Zuhause sauber und ordentlich halten
5. Die Zeit, die wir für Hausarbeit und Heimwerker-Projekte aufwenden, in Grenzen halten

Schreibe zuerst deine eigene Liste, bevor du die Liste deines Partners anschaust. Erstellt dann eine gemeinsame Liste, mit der ihr beide einverstanden seid.

Meine Liste	Unsere „Einverstanden-Liste"
1.	1.
2.	2.
3.	3.
4.	4.
5.	5.

3. Wählt ein Konfliktthema aus dem Bereich Hausarbeit. Notiert dazu mehrere mögliche Lösungen, die ihr euch vorstellen könnt. Dann einigt euch auf eine Lösung, mit der ihr beide momentan einverstanden seid.

Zum Beispiel:

Problem	Lösungsvorschläge	vereinbarte Lösung im Moment
Mann und Frau arbeiten beide Vollzeit – Wer erledigt das Putzen?	*Hausarbeiten nach Bedarf erledigen – wer gerade Zeit dafür hat* *Eine Liste erstellen, Aufgaben auf beide aufteilen* *Sich jede Woche/jedes Wochenende abwechseln* *Eine Putzkraft einstellen* *Hausarbeiten gemeinsam am Wochenende erledigen* *Einige Aufgaben an ältere Kinder abgeben*	*Eine Liste erstellen, um Hausarbeiten aufzuteilen, und einmal die Woche eine Putzkraft kommen lassen.*

Problem	Lösungsvorschläge	vereinbarte Lösung im Moment

Übung 3 – Wir ihr eure Freizeit verbringt

1. **Jeder von euch kreist die Aussagen ein, die am besten eure Einstellung zur Freizeitgestaltung (und wie eure Familien euch geprägt haben) beschreibt.**

- Strukturiert und geplant - Flexibel und spontan	- Den Sommerurlaub gern mit der Familie verbracht - Ferien lieber zu Hause verbracht	- Wochenenden gut geplant - Wochenenden entspannt und locker verbracht - Wochenende genutzt, um Freunde zu treffen - Wochenende genutzt, um nötige Hausarbeit zu erledigen
- Entspannter Urlaub mit wenig Aktivitäten - Urlaub mit vielen Aktivitäten - Viel Sport im Urlaub machen	- Luxuriöse Reisen - Preisgünstige Reisen	- Unregelmäßig ferngesehen - Fernsehen hatte einen zentralen Platz im Familienleben
- Gerne Gäste eingeladen - Nicht viele Gäste eingeladen	- Viel Sport und ähnliche Aktivitäten - Anspruchsvolle Hobbys und Interessen waren wichtig - Wenig Sport oder ähnliche Aktivitäten gemacht	- Gemeinsame Mahlzeiten waren zentraler Bestandteil des Familienlebens - Gemeinsame Mahlzeiten waren nicht so wichtig.
- Eltern gingen regelmäßig ohne die Kinder aus - Eltern blieben zu Hause und wir hatten viel Spaß als Familie	- Feiertage zu Hause verbracht - Feiertage genutzt, um Verwandte zu besuchen	- Die meiste freie Zeit haben die Eltern als Paar gemeinsam verbracht - Die meiste freie Zeit hat jeder individuell verbracht - Die meiste freie Zeit wurde mit Freunden und Familie verbracht
- Die meisten Mahlzeiten zu Hause - Viele Mahlzeiten in Restaurants	- Viel Zeit mit Verwandten verbracht - Verwandte selten getroffen	- Morgenmensch – früh aufstehen und früh zu Bett gehen - Abendmensch – spät aufstehen und lange aufbleiben

Andere Worte oder Sätze, die deine Einstellung zur Freizeitgestaltung heute beschreiben:

Zeigt euch gegenseitig, was ihr notiert habt, und sprecht über die Unterschiede.

2. Unsere Werte in Bezug auf unsere Freizeitgestaltung (d. h. was uns am wichtigsten ist)

Zum Beispiel:
1. Strukturiert/geplant
2. Gemeinsam reisen
3. Gemeinsame Mahlzeiten
4. Freunde zu uns nach Hause einladen
5. Zeit, um individuellen Hobbys nachzugehen

Schreibe zuerst deine eigene Liste, bevor du die Liste deines Partners anschaust. Erstellt dann eine gemeinsame Liste, mit der ihr beide einverstanden seid.

Meine Liste	Unsere „Einverstanden-Liste"
1.	1.
2.	2.
3.	3.
4.	4.
5.	5.

Bitte umblättern!

Übung 3 (Fortsetzung)

3. **Wählt ein Konfliktthema aus dem Bereich Freizeitgestaltung. Notiert dazu mehrere mögliche Lösungen, die ihr euch vorstellen könnt. Dann einigt euch auf eine Lösung, mit der ihr beide momentan einverstanden seid.**

Zum Beispiel:

Problem	Lösungsvorschläge	vereinbarte Lösung im Moment
Wo Weihnachten verbringen?	*Die Familie besuchen, die weiter weg wohnt* *Zeit aufteilen zwischen Familienbesuchen und Zeit für uns* *Beide Familien zu uns einladen* *Über Weihnachten verreisen* *Eine Ferienanlage o. Ä. suchen, wo sich alle treffen können* *Jedes Jahr andere Verwandte besuchen/sich abwechseln*	*Weihnachten als Paar allein zu Hause verbringen und nach Heiligabend die Verwandtschaft besuchen*

Problem	Lösungsvorschläge	vereinbarte Lösung im Moment

Übung 4 – Familienleben und Kindererziehung

1. **Jeder von euch kreist die Aussagen ein, die am besten eure Einstellung zu Familie und Kindererziehung beschreibt.**

- Streng/hohe Erwartungen - Entspannt/locker - Balance aus Liebe und klaren Grenzen	- Viel Liebe und Zuneigung erlebt - Wenig Liebe und Zuneigung erlebt	- Ermutigend /akzeptierend - Leistungsorientiert und immer etwas kritisch
- Ermutigt worden, negative Gefühle auszudrücken - Keine Gefühle zeigen, beherrscht sein	- Körperliche Gewalt als Bestrafung - „Auszeit" und andere Konsequenzen - Kinder konnten machen, was sie wollten	- Zur Kirche gegangen und zusammen gebetet - Nicht regelmäßig zur Kirche gegangen oder gebetet
- Die Eltern waren sehr an den Aktivitäten der Kinder interessiert und einbezogen - Die Eltern waren wenig an den Aktivitäten der Kinder interessiert und einbezogen	- Kinder wurden zu wachsender Selbstständigkeit ermutigt - Behütet – Selbstständigkeit wurde nicht gefördert	- Geld wurde in Bildung investiert - Kein Geld vorhanden, um es in Bildung zu investieren - Kein Interesse vorhanden, in Bildung zu investieren
- Leistungsdruck - Entspannt und es war erlaubt, sein eigenes Level zu finden	- Ruhig und leise – Streit vermeiden - Meinungsverschiedenheiten wurden mit viel Diskussionen und Leidenschaft ausgetragen	- Es war erlaubt, so viel Zeit, wie man wollte, am Fernseher, Computer und Handy zu verbringen - Begrenzte Bildschirmzeiten
- Regelmäßig gemeinsame Zeit als Familie/Spaß haben - Wenig Zeit und Spaß mit der Familie - Angst vor dem Zusammensein mit der Familie	- Die Eltern haben nicht vor den Kindern gestritten - Die Eltern haben sich oft vor den Kindern gestritten	

Bitte umblättern!

Übung 4 (Fortsetzung)

Andere Wörter oder Sätze, die deine Einstellung zum Familienleben und Kindererziehung heute beschreiben:

Zeigt euch gegenseitig, was ihr notiert habt, und sprecht über die Unterschiede.

2. Unsere Werte in Bezug auf Familienleben und Kindererziehung (d. h. was uns am wichtigsten ist)

Zum Beispiel:
1. Den Kindern klare Grenzen setzen
2. Liebevoll sein (viele Umarmungen und Küsse)
3. Regelmäßig Zeit als Familie verbringen, um Spaß zusammen zu haben
4. Einander in Gegenwart der Kinder unterstützen
5. Spirituelle Werte vermitteln

Schreibe zuerst deine eigene Liste, bevor du die Liste deines Partners anschaust. Erstellt dann eine gemeinsame Liste, mit der ihr beide einverstanden seid.

Meine Liste	Unsere „Einverstanden-Liste"
1.	1.
2.	2.
3.	3.
4.	4.
5.	5.

3. Wählt ein Konfliktthema aus dem Bereich Familienleben und Kindererziehung. Notiert dazu mehrere mögliche Lösungen, die ihr euch vorstellen könnt. Dann einigt euch auf eine Lösung, mit der ihr beide momentan einverstanden seid.

Zum Beispiel:

Problem	Lösungsvorschläge	vereinbarte Lösung im Moment:
Balance zwischen Beruf und Kindern – Sollen beide Eltern außer Haus arbeiten?	*Ein Elternteil arbeitet Teilzeit* *Ein Elternteil arbeitet von zu Hause* *Die Mutter bleibt zu Hause bei den Kindern, bis sie in die Schule gehen* *Der Vater bleibt zu Hause bei den Kindern*	*Die Mutter bleibt zu Hause bei den Kindern, bis sie in die Schule gehen, und steigt dann wieder in den Beruf ein.*

Problem	Lösungsvorschläge	vereinbarte Lösung im Moment:

Anhang 2

Ein Haushalts-Budget erstellen

(siehe auch Das Ehe-Buch, Anhang 3: Einen Haushaltsplan aufstellen)

Tipps zum Umgang mit Geld (von CAP*)

Ein Budget erstellen

Erstellt gemeinsam ein Budget und haltet euch daran. Das klingt einfach, aber es ist der beste Weg, um die Übersicht zu behalten, wie viel Geld ihr habt und wofür ihr es genau ausgebt.

Sparen, sparen, sparen!

Selbst wenn ihr nur einen kleinen Betrag jeden Monat beiseitelegen könnt, wird es sich letztlich summieren. So habt ihr Rücklagen für unerwartete Ausgaben. Oder könnt frühzeitig für besondere Dinge, z. B. für Weihnachten, planen.

Macht euch schlau!

Beim Vergleich verschiedener Energieanbieter könnt ihr oft ein besseres Angebot finden, das zu euren individuellen Bedürfnissen passt.

Bar bezahlen

Bezahlt bar statt mit Karte. Beim Ausgeben von „echtem" Geld ist euch eher bewusst, was ihr tatsächlich kauft. Das heißt auch, wenn das Geld ausgegeben ist, ist es ausgegeben. Das hilft euch zu überlegen, welche Dinge ihr „unbedingt braucht."

* Mehr Informationen zu **Christians Againist Poverty** auf **capuk.org** und **capmoney.org.** Hilfe bei finanziellen Problemen bieten die Schuldnerberatungsstellen von Diakonie und Caritas und anderen Wohlfahrtsverbänden sowie Beratungsstellen in der örtlichen Stadt- und Kreisverwaltung oder : **www.meine-schulden.de**, **www.schuldenberatung.at**, **www.schulden.ch**

Monatlicher Budgetplaner

Durchschnittliche monatliche Einkünfte (Jahressumme berechnen)			
Gemeinsames Einkommen			€...............
Andere Einkommensquellen			€...............
Gesamt (1)	**€............................ ÷ 12**		**€.............. (monatlich)**
Regelmäßige Fixkosten (Jahressumme berechnen)		**tatsächlich**	**Budget**
Miete/Hypothek		€...............	€...............
Nebenkosten (Strom, Gas, Wasser, Müll usw.)		€...............	€...............
Versicherungen		€...............	€...............
Kreditraten		€...............	€...............
Fahrtkosten (z. B. Monats- oder Jahreskarten)		€...............	€...............
Auto (Steuer und Versicherung)		€...............	€...............
Spenden		€...............	€...............
Sonstiges		€...............	€...............
Gesamt (2)	**€............................ ÷ 12**	€............... (monatlich)	€............... (monatlich)
Flexible Ausgaben für Grundbedürfnisse (geschätzte jährliche Kosten)			
Haushalt (Lebensmittel, Medikamente etc.)		€...............	€...............
Kleidung/Schuhe		€...............	€...............
Laufende Kosten fürs Auto		€...............	€...............
Telefon/Internet		€...............	€...............
Sonstige Kosten (Zeitung, TV etc.)		€...............	€...............
Gesamt (3)	**€............................ ÷ 12**	€............... (monatlich)	€............... (monatlich)
Flexible, nicht lebensnotwendige Ausgaben (geschätzte jährliche Kosten)			
Unterhaltung/Gastfreundschaft		€...............	€...............
Geschenke		€...............	€...............
Sport/Freizeit		€...............	€...............
Urlaub		€...............	€...............
Ausgehen		€...............	€...............
Sonstiges		€...............	€...............
Gesamt (4)	**€............................ ÷ 12**	€............... (monatlich)	€............... (monatlich)
Monatliche Rücklagen			
Gesamt (5)		€...............	€...............
Gesamte monatliche Ausgaben addieren (2, 3, 4, 5)		€...............	€...............
Differenz Ausgaben und Einkünfte (1)		€...............	€...............

Anhang 3

Gesunde familiäre Beziehungen gestalten

A. Die Vergangenheit beachten

Nimm dir 10 Minuten Zeit, um dein „Lebensdiagramm" auf der nächsten Doppelseite einzuzeichnen (Beispiel unten).

- Zeichne die wichtigsten Ereignisse auf, die dir einfallen.
- Markiere positive Erfahrungen zwischen 0 und +100 oberhalb der „neutralen Linie".
- Markiere negative Erfahrungen zwischen 0 und -100 unterhalb der „neutralen Linie".
- Zeige deinem Partner dein Diagramm.
- Erzähl deinem Partner, was du damals bei dem jeweiligen Ereignis gefühlt hast und wie du es heute empfindest.
- Wenn einer von euch in seiner Kindheit von anderen verletzt wurde, dann schaut euch noch einmal die Schritte „Schmerzhafte Kindheitserinnerungen heilen" auf Seite 88 an.

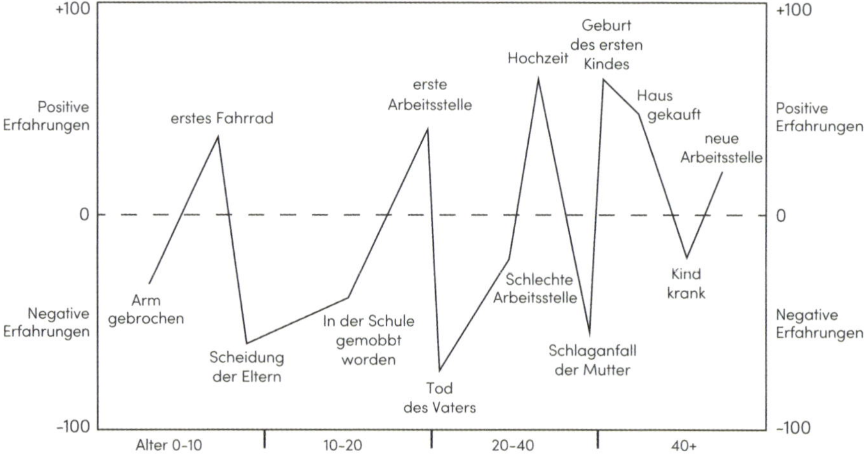

B. Gesunde Grenzen

Beantwortet die folgenden Fragen zunächst jeder für sich und tauscht dann die Journale. Geht behutsam mit dem um, was euer Partner geschrieben hat. Sprecht über die Punkte, die euch aufgefallen sind – achtet besonders auf diejenigen Antworten des Partners, die sich von euren deutlich unterscheiden. Vielleicht müsst ihr die eine oder andere Antwort daraufhin ändern.

1. Mischen sich deine Eltern in dein Leben und deine Entscheidungen ein (oder versuchen sie es)? Wollen sie dich kontrollieren? Wenn ja, auf welche Weise tun sie das?

2. Ist dir eine ungesunde emotionale Abhängigkeit zwischen dir und einem Elternteil oder deinem Partner und einem seiner Elternteile aufgefallen? Wenn ja, wie zeigt sich das?

3. Gibt es Dinge zwischen euch und euren Eltern oder Schwiegereltern, die Spannungen oder Streit zwischen dir und deinem Partner verursachen? Zum Beispiel: „Es gibt oft Spannungen zwischen uns, wenn ich lange mit meinen Eltern telefoniert habe."

4. Wie kannst du deinen Partner unterstützen in Bezug auf seine Eltern und Schwiegereltern?

5. Wie kann dein Partner dich unterstützen in Bezug auf deine Eltern und Schwiegereltern?

6. Hast du oder hat dein Partner unerfüllte Bedürfnisse aus der Kindheit?
   a) Wenn ja, wie könntest du deinem Partner helfen?

   b) Wie könnte dein Partner dir helfen?

Lebensdiagramm

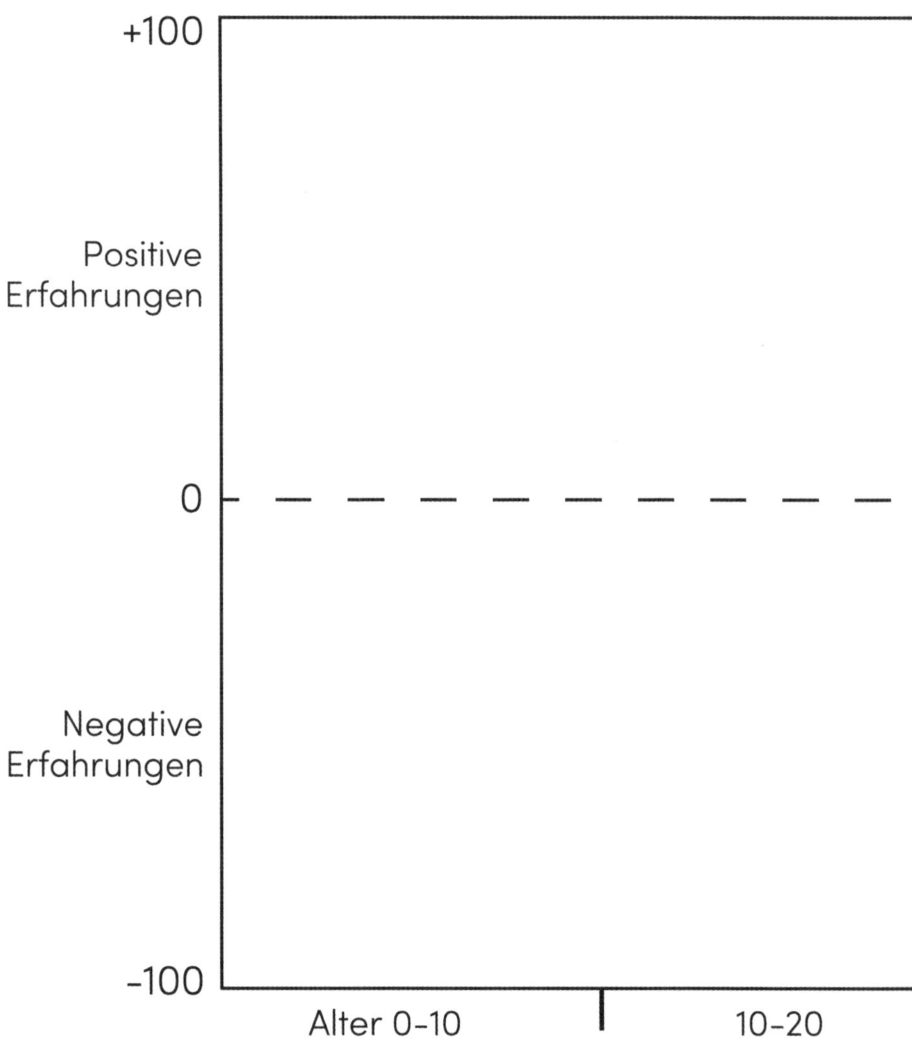

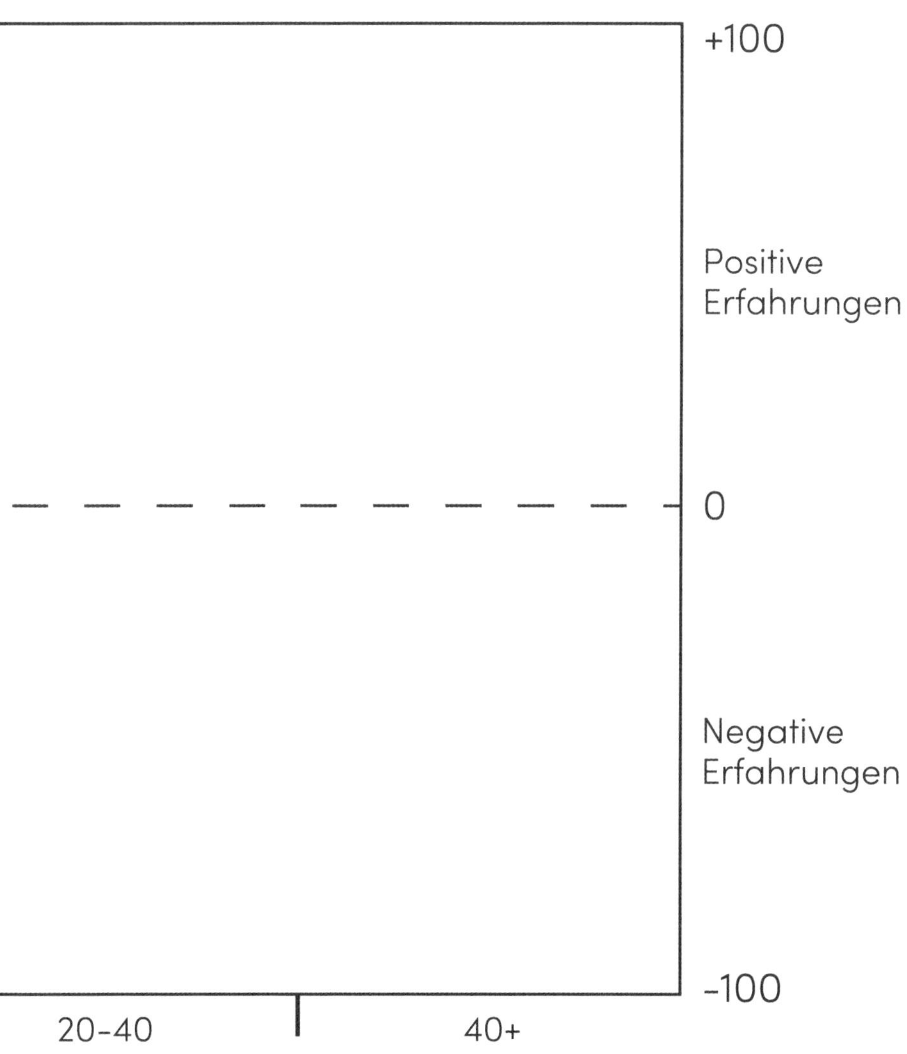
+100
Positive
Erfahrungen
0
Negative
Erfahrungen
-100
20-40
40+

Danksagungen

Wir sind den folgenden Personen und Organisationen ausgesprochen dankbar für ihre wertvollen Beiträge zum Ehe-Kurs:

Dr. Roger Bretherton, Psychologe, University of Lincoln

Dr. Gary Chapman, Autor von *Die 5 Sprachen der Liebe*, für sein Buch, auf dem das Konzept und die Anmerkungen im Journal zu Einheit 7 basieren.

Dr. Henry Cloud, Psychologe und Ko-Autor von *Liebe braucht Grenzen ...*

Dr. Mosun Dorgu, Kinder- und Jugendpsychiaterin

Dr. Sue Johnson, Klinische Psychologin und Autorin von *Hold Me Tight*

John Kirby, Gründer von CAP (Christians Against Poverty). Mehr Informationen zu dieser Organisation erhaltet ihr auch unter *capuk.org.*

Rob Parsons, Gründer von *Care for the Family*, für seine Inspiration, Geschichten und Veranschaulichungen, die wir durchgehend genutzt haben. Mehr Informationen über seine Arbeit findet ihr unter *carefor thefamily.org.uk*

Dr. Xuefu Wang, Psychotherapeut und Gründer des *Zhi Mian Institute for Psychotherapy*

Emma Waring, Krankenschwester, Psychosexuelle Therapeutin und Autorin

David und Teresa Ferguson von *Initimate Life Ministries*, deren Kompetenz und Ermutigung uns enorm geholfen haben, besonders in Einheit 1 und 4. Mehr Informationen über ihre Arbeit erhaltet ihr auf *greatcommandment.net* oder bei *Intimate Life Ministries*, 2511 S. Lakeline Blvd, Austin, Texas, TX78759.

Peter und Barbie Reynolds für ihre Veranschaulichungen des effektiven Zuhörens und die Inspiration für das Musterbeispiel in Einheit 2.

Acorn Christian Healing Foundation für ihren *Just Listen! Course*, auf dem viele Inhalte über das Zuhören in Einheit 2 basieren. Mehr Informationen über ihre Arbeit findet ihr unter *acornchristian.org.*

Weitere Informationen, wie ihr an einem Ehe-Kurs in eurer Nähe teilnehmen oder einen Ehe-Kurs starten könnt, findet ihr hier:

Deutschland: **www.ehekurs.org**
Österreich: **www.ehekurs.at**
Schweiz: **www.familylife.ch**

Wenn ihr gern mehr über den christlichen Glauben herausfinden und an einem Alphakurs in eurer Nähe teilnehmen möchtet:

Deutschland: **www.alphakurs.de**
Österreich: **www.alphakurs.at**
Schweiz: **www.alphalive.ch**

Gemeinsam
inspiriert werden.

„Dieses leicht verständliche Buch richtet sich an alle, die sich auf die Ehe vorbereiten wollen. Bereits verheiratete Paare gewinnen wertvolle Hinweise zur Gestaltung ihrer Ehe. Und all diejenigen, deren Ehe kurz vor dem Aus steht, erfahren: Vergebung und ein Neuanfang sind möglich!“

AdventEcho

Die erfahrenen Eheberater Nicky und Sila Lee zeigen auf eindrückliche Weise den hohen Wert und das einzigartige Potenzial einer jeden Ehe auf. Dieses leicht verständliche Buch richtet sich an alle, die sich auf die Ehe vorbereiten wollen. Bereits verheiratete Paare gewinnen wertvolle Hinweise zur Gestaltung ihrer Ehe. Und all diejenigen, deren Ehe kurz vor dem Aus steht, erfahren: Vergebung und ein Neuanfang ist möglich! Das Buch enthält zahlreiche s/w-Illustrationen.

Nicky & Sila Lee • Das Ehe-Buch
Schritt für Schritt zu einer erfüllten Partnerschaft
Gebunden • 320 Seiten • ISBN 978-3-86591-245-9

FAMILYLIFE empfiehlt zur Vertiefung des Ehe-Kurses:

Der beziehungsverändernde Kurzurlaub zu Kernthemen der Partnerschaft:

familylife GROW -
Ehewochenende

Die Wochenenden werden zu verschiedenen Themen durchgeführt und beinhalten wertvolle Zeiten zu zweit. Die Seminare finden in der Schweiz und in Österreich statt.

Weitere Infos und Anmeldung:
www.familylife.ch/grow/

Regelmässig beziehungsstärkende 5-Minuten-Impulse direkt in dein E-Mail-Postfach:

familylife FIVE -
Der Beziehungsblog

Jetzt kostenlos abonnieren unter
www.familylife.ch/five (Schweiz)
www.familylife.de/five (Deutschland)

Weitere Infos und Anmeldung:
www.familylife.ch/gemeinsam/

FAMILYLIFE ist ein Arbeitszweig von 

Josefstrasse 206 | CH-8005 Zürich | info@familylife.ch | **www.familylife.ch**

TEAM.F
Die Lebenspraktiker.

Wir selbst haben erlebt, dass unser Ehe- und Familienleben tiefer und erfüllter wurde, als wir begannen, Gottes Ratschläge für unsere Familienbeziehungen zu befolgen.

TEAM.F-Seminarthemen im Überblick:

- **Perspektiven für Singles**
- **Freundschaft und Ehevorbereitung**
- **Paar- und Ehebeziehung**
- **Eltern und Kindererziehung**
- **Familie erleben**
- **Trennung und Neuorientierung**
- **Persönlichkeit und Seelsorge**
- **Frauen unter sich**
- **Männer unter sich**
- **Akademie und Fortbildung**

Seminare direkt online buchen

TEAM.F · Neues Leben für Familien e.V.
Honseler Bruch 30 · 58511 Lüdenscheid · Fon 0 23 51.8 16 86
Fax 0 23 51.8 06 64 · info@team-f.de · www.team-f.de

Notizen

Notizen